o público

FEDERICO GARCÍA LORCA
o público

Tradução e notas
ANGELA DOS SANTOS

MARTIN CLARET

© *Copyright* desta tradução: Editora Martin Claret Ltda., 2017.

DIREÇÃO
Martin Claret

PRODUÇÃO EDITORIAL
Carolina Marani Lima
Mayara Zucheli

DIREÇÃO DE ARTE E CAPA
José Duarte T. de Castro

DIAGRAMAÇÃO
Giovana Gatti Quadrotti

FOTO DE CAPA
Autor desconhecido, 1935

REVISÃO TÉCNICA
Neide T. Maia González

REVISÃO
Eliana Maria dos Santos Nakashima

IMPRESSÃO E ACABAMENTO
Paulus Gráfica

Este livro segue o novo Acordo Ortográfico da Língua Portuguesa.

Dados Internacionais de Catalogação na Publicação (CIP)
(Câmara Brasileira do Livro, SP, Brasil)

García Lorca, Federico, 1898-1936.
  O público / Federico García Lorca; tradução Angela dos Santos. – São Paulo: Martin Claret, 2017.

Título original: El Público
ISBN 978-85-440-0160-8

1. García Lorca, Federico, 1898-1936. Público 2. Teatro espanhol- I. Título

17-06983   CDD-862

Índices para catálogo sistemático:
  1. Teatro: Literatura espanhola   862

EDITORA MARTIN CLARET LTDA.
Rua Alegrete, 62 - Bairro Sumaré - CEP: 01254-010 – São Paulo, SP
Tel.: (11) 3672-8144 - www.martinclaret.com.br
Impresso em 2017

SUMÁRIO

Prefácio — 7
Nota da tradutora — 15

O PÚBLICO

Introito — 27
Primeiro quadro — 29
Segundo quadro — 39
Terceiro quadro — 47
Quinto quadro — 69
Sexto quadro — 83

El Público — 93

PREFÁCIO

UM TEATRO DE REPRESENTAÇÃO E DE PERCEPÇÃO

MARGARETH SANTOS*

Federico García Lorca dispensa apresentação, muitos diriam: artista inteiro, multifacetado, encantador de públicos, potente escritor. Essa premissa estaria correta se pensássemos que Lorca talvez seja um dos autores espanhóis mais populares em terras estrangeiras, quaisquer que sejam elas, sobretudo se tivermos em conta obras que correram (e ainda correm) o mundo, como os conjuntos de poemas *Romancero gitano*, *Poema del cante jondo* e *Llanto por Ignacio Sánchez Mejías*, ou peças como *Bodas de sangre*, *Yerma* e *La casa de Bernarda Alba*. No entanto, vale a pena perguntar-nos se essa premissa também valeria para obras como *Poeta en Nueva York* ou peças de teatro de árida poesia como *El Público* e *Así que pasen cinco años*. Nesses casos, talvez o alcance de Lorca opere numa chave distinta, mas que merece, igualmente, ser visitada, lida e pensada.

É essa proposta de percurso pedregoso e indócil que a tradução de *O Público*,[1] elaborada por Angela dos Santos, nos traz. Com efeito,

---

* Doutora em Literatura Espanhola pela USP, professora do Departamento de Letras Modernas da Universidade de São Paulo (USP). Suas linhas de pesquisa compreendem o exame das relações entre literatura, história e arte no século XX, tanto na Espanha como no contexto ibero-americano na produção vinculada à Guerra Civil Espanhola e ao Pós-Guerra Civil Espanhola. Autora da obra *Desastres do Pós-Guerra Civil Espanhola*.

[1] A partir desse momento, me referirei às obras de Lorca com seu título em português, posto que tratarei com maior ênfase da tradução de *O público*, de Federico García Lorca.

esta tradução põe diante de nossos olhos um instigante trabalho em torno à complexa peça teatral do autor andaluz.

Para esmiuçar e esclarecer algumas dúvidas, que por muito tempo rondaram a peça, a tradutora percorre um acurado itinerário analítico, capaz de articular as distintas facetas da visão teatral lorquiana, apresentando um aparato crítico de grande alcance. O resultado desse trabalho corporifica-se em uma tradução destinada não apenas ao grande público, mas também a estudantes e aos que queiram realizar montagens da obra, como diretores e atores, configurando-se, portanto, como uma importante fonte para os estudos do escritor espanhol.

Nesse percurso entre a palavra e o sentido, no exercício de concretizar uma tradução capaz de pensar o aparato lorquiano em grandes proporções, Angela ressalta em seu ofício a preocupação do autor granadino com os mecanismos de representação em seu denominado *metateatro*, no qual se inserem não apenas *O Público*, mas também as peças *Assim que passem cinco anos* e *Comedia sem título*.

A fim de compreender esse percurso tradutório, bem como o alcance desse trabalho, faz-se necessário discutir, ainda que brevemente, a obra em suas distintas articulações: desde sua composição, passando por sua leitura, para chegar à tradução da peça em questão.

Se começarmos pela composição da obra, talvez valha a pena situar o que nos parece ser seu núcleo vertebral e não nos preocuparmos pelo seu argumento, uma vez que este não se pauta pela linearidade ou pela univocidade de sentido.

Ao longo da peça, observamos um embate que se estabelece entre um teatro falso e superficial, designado no drama como "teatro al aire libre" e um teatro profundo, denominado como "teatro de arena". A partir desse confronto central, cujo jogo de cena imbrica conceitos como representação (teatral) e percepção (do que pode ser um teatro genuíno), posicionam-se algumas questões que consideramos fundamentais tanto para a leitura da peça como para a tradução proposta por Angela dos Santos: o entendimento de que se trata de uma obra que propõe uma discussão sobre a própria concepção de teatro, à qual, por sua vez, adere-se uma ideia abrangente do amor. Portanto, podemos pensar que O *Público* apoia-se, fundamentalmente, na vastidão do que esses conceitos podem abarcar.

Com o intuito de dar conta dessa confluência de temas aparentemente destoantes, o trabalho de Angela traz à tona uma decisiva mudança estrutural da peça que converge para os últimos estudos realizados sobre *O Público*: a posição do solo do Pastor bobo, que a tradução dispõe em um lugar distinto das edições publicadas até o momento e, por conseguinte, em outro patamar. Mas, para alcançarmos a importância dessa mudança, que não representa um simples deslocamento na disposição textual da peça, é preciso refazer, na medida do possível, a história do manuscrito teatral em questão.

Supõe-se que Lorca teria começado a escrever *O Público* em Nova York, segundo a correspondência trocada com seus pais, mas tudo indica que boa parte da redação da peça que hoje conhecemos aconteceu em Havana, durante os meses de março e abril de 1930, uma vez que parte do único manuscrito conservado foi escrito em folhas de papel de cartas do Hotel La Unión, onde ele se hospedou nessa cidade.

Lorca teria lido e corrigido a peça em vários momentos e lugares: em Havana e Madri, por exemplo, onde publicaria, em 1934, na revista *Los cuatro vientos*, dois fragmentos da obra. Posteriormente, em maio de 1936, ele deixaria com seu amigo Rafael Martínez Nadal um pacote, pedindo que o guardasse, mas com a recomendação de que caso algo lhe acontecesse, seu conteúdo deveria ser destruído. Felizmente, Nadal não o escutou e segundo seu próprio relato (em obras de sua autoria ou em entrevistas concedidas), abriu o pacote, leu o conteúdo e o escondeu. O texto só veria a luz em 1958 e seria publicado apenas em 1970, em Oxford, com a permissão da família de Lorca.

De lá para cá, muito se discutiu sobre o manuscrito, sobre sua possível incompletude e sobre a posição dos quadros, em cujo olho do furacão encontra-se o solo do Pastor bobo.

Ao percorrermos alguns estudos realizados,[2] verificamos que o problema da posição do Solo do Pastor bobo reside na precariedade do manuscrito, por isso, até pouco tempo, as traduções anteriores da peça inseriam de forma avulsa o solo entre os quadros quarto e sexto, no entanto, na tradução de Angela, ele surge como prólogo, cuja função nos parece patente. Tal evidência se justifica em dois âmbitos: o primeiro pela retomada que Lorca faz dessa figura tradicional do teatro clássico espanhol, e o outro, pelo próprio caráter que o *solo* abriga, qual seja, o de antecipar o tema da obra e apresentar as personagens.

No caso desse *solo* lorquiano, contemplamos como o Pastor, em uma ação que combina loucura e sabedoria, chama a atenção do público para os temas prementes ao longo da peça: o teatro (encarnado pelas máscaras que a personagem carrega consigo) e o amor (convulso e precário num universo permeado por agressões verbais e físicas).

---

[2] Para um percurso e estudo mais detalhado ver: ASZYK, Urszula. *Entre la Crisis y la Vanguardia — Estudios sobre el teatro español del siglo XX*. Varsovia: Universidad de Varsovia, 1995; CAO, Antonio F. *Federico García Lorca y las vanguardias: hacia el teatro*. London: Tamesis Books, 1984; CASTILLO LANCHA, Marta. *El Teatro de García Lorca. Recepción y Metamorfosis de una Obra Dramática* (1920-1960). Málaga, [s.n.], 2008; DELGADO, María M. *Spanish Theatre 1920-1995*. Volumen 1. Manchester: Taylor & Francis, 1998; EISENBERG, Daniel: *"Poeta en Nueva York"*: historia y problemas de un texto de Lorca. Barcelona, Ariel, 1976; ESTEBAN, Alfonso & ÉTIENVRE, Jean-Pierre (Coord.): *Valoración actual de la obra de García Lorca*. Madrid, Casa de Velázquez / Universidad Complutense, 1988; FEAL DEIBE, Carlos. *Lorca: tragedia y mito*. Ottawa, Dovehouse, 1989; FERNÁNDEZ CIFUENTES, L. *García Lorca en el teatro: La norma y la diferencia*. Zaragoza, 1986; GARCÍA-POSADA, Miguel: *Lorca: interpretación de Poeta en Nueva York*. Madrid, Akal, 1981; GÓMEZ TORRES, Ana María. *Experimentación y teoría en el teatro de Federico García Lorca*. Málaga: Arguval, 1995; MARTÍNEZ NADAL, Rafael. *El público. Amor y muerte en la obra de Federico García Lorca*. México: Joaquín Mortiz, 1974; HARRETCHE, María Estela. *Federico García Lorca: análisis de una revolución teatral*. Madrid: Gredos, 2000; PLAZA CHILLÓN, J.L. *Escenografía y artes plásticas: el teatro de Federico García Lorca y su puesta en escena (1920-1935)*. Granada, Fundación Caja de Granada, 1998 e os inúmeros estudos do professor Mario Miguel González.

Inserido no movimento metateatral da obra, o Pastor bobo, com sua verborragia provocativa, escandaliza o público ao mostrar-lhe as máscaras ocas que carrega, denunciando, veementemente, o vazio do qual se vale o teatro vigente naquele momento (o "teatro al aire libre").

A afronta ao público boquiaberto revela um instigante jogo de concepções sobre o teatro daquele momento e a ideia de um teatro genuíno. Na peleja, o verbo vigoroso do Pastor bobo põe em movimento enfrentamentos que perpassam as noções de percepção e de representação, de hipocrisia e de inteireza dentro e fora dos palcos.

Não cabe dúvida de que a fala do Pastor bobo em questão insere-se na dinâmica de muitas das declarações de Lorca em vida. Impossível esquecer-nos de que o autor desferiu duras críticas sobre o teatro concebido na época e que não vejamos em suas manifestações uma clara posição sobre o papel da representação no teatro que lhe era contemporâneo:

Tanto estrago como o teatro em geral, este teatro de agora, sem graça e brega por um lado, pelo outro grosseiro e tosco (...) (GARCÍA LORCA, 1957, p. 1619).

Em outro momento: *O teatro não declina. O absurdo e o decadente é sua organização. A ideia de que um senhor, pelo mero fato de dispor de uns quantos milhões, se institua como censor de obras e definidor do teatro, é intolerável e vergonhoso. É uma tirania que, como todas, só conduz ao desastre* (GARCÍA LORCA, 1957, p. 1630).

Ou ainda: (...) *quero fazer outro tipo de coisas, até uma comédia corriqueira como nos tempos atuais e levar ao teatro temas e problemas que as pessoas têm medo de tratar. Aqui, o mais grave é que as pessoas que vão ao teatro não querem que as façamos pensar sobre nenhum tema moral* (GARCÍA LORCA, 1957, p. 1630).[3]

---

[3] A íntegra das entrevistas citadas encontra-se no volume GARCÍA LORCA, Federico. *Obras completas*. Madrid: Aguilar, 1957, pp.1608-1641.
Tanto daño como el teatro en general, este teatro de ahora, ñoño y cursi por un lado, por el otro grosero y zafio (...).

É importante destacar que essas mesmas críticas ecoam, a nosso ver, os protestos de Ramón del Valle-Inclán, o grande renovador do teatro espanhol nos anos 1920. O autor galego lutou intensamente contra esse cenário desolador para representação teatral espanhola, medíocre e constantemente mutiladora, muitas vezes em nome de um retorno monetário vantajoso. Não por acaso, a grande atriz e musa lorquiana, Margarita Xirgu, abandonará, definitivamente, o repertório de peças comerciais pelas mãos do autor de *Luzes de boêmia*.

No entanto, para além das conexões entre as declarações de Lorca e o pensamento de Valle-Inclán, nos interessa chamar a atenção para o deslizamento das críticas do autor andaluz para o plano de sua produção artística, posto que consideramos tais assertivas estrepitosas como terreno fértil para o rastreamento de um percurso do pensamento lorquiano.

Esse itinerário, se o seguirmos de maneira detida, poderá revelar-nos um mosaico de procedimentos estéticos do escritor, de modo que poderemos chegar a compreender categorias como representação e percepção, que se articulam de maneira intrincada e complementar em sua obra.

Ao aceitarmos essa premissa, uma questão que salta à vista é a constatação de que muitos dos mecanismos verificados em *O público* encontram-se, também, em todo o conjunto do teatro lorquiano. Não por acaso, a crítica atual volta-se para a demarcação dos símbolos e conceitos expostos por Lorca ao longo de sua obra, tanto a lírica como a dramática, a fim de examinar a reiteração desses elementos em *O público* e em outras peças do denominado metateatro lorquiano.

El teatro no decae. Lo absurdo y lo decadente es su organización. Eso de que un señor, por el mero hecho de disponer de unos millones, se erija en censor de obras y definidor del teatro, es intolerable y vergonzoso. Es una tiranía que, como todas, sólo conduce al desastre.
(...) quiero hacer otro tipo de cosas, incluso comedia corriente de los tiempos actuales y llevar al teatro temas y problemas que la gente tiene miedo de abordar. Aquí, lo grave es que las gentes que van al teatro no quiere que se les haga pensar sobre ningún tema moral (Tradução livre minha).

Assim, ao desenrolarmos o longo novelo simbólico da composição de Lorca, podemos, por exemplo, perceber porque as mesmas máscaras carregadas pelo *Pastor bobo* balem como ovelhas de um rebanho de indivíduos desprovidos de identidade: a cena reverbera muitos dos depoimentos do autor e muitos dos versos de *Poeta em Nova York* e seu clamor inconformado.

Portanto, apontar para tais conexões pressupõe enxergar como se combina nessa passagem da peça (e em outras) uma articulação loquaz entre crítica e criação, entre ética e estética, capaz de pôr em movimento o jogo entre representação e percepção, do qual vimos falando.

A partir desse prólogo/solo do *Pastor bobo*, cuja linguagem carece de nexos (a não ser a corrente rítmica instaurada pela rima "-eta" que percorre quase a totalidade da fala em versos do Pastor bobo (*Balar, balar, balar caretas. Os cavalos devoram a seta e apodrecem debaixo da veleta*)), constatamos que estamos diante de um texto fundamentalmente poético e autorreferencial, que se basta por si mesmo, mas cuja incorporação dos elementos cênicos é fundamental para que possamos alcançar seu sentido e vislumbrar sua plena manifestação.

É importante dizer que tais exigências se revelam não apenas na condução textual da peça, mas, especialmente, no tratamento dado aos elementos essenciais do teatro: as personagens, a ação, o tempo e o espaço, posto que estes se encontram diluídos na configuração poética da obra, o que, por sua vez, nos obriga a desvendar os significados mínimos que a mesma carrega, para que possamos chegar a seu sentido maior.

Por conseguinte, a complexidade da peça reside, em parte, nesse jogo de representar e perceber, operado em círculos concêntricos que se amplificam à medida que o drama avança, como a imagem de uma pedra jogada no rio, a palavra em *O Público* repercute em espiral suas múltiplas significações.

E será em meio a esse embate reflexivo e inquietante que acompanharemos a personagem do Diretor na confluência de dois grandes conflitos que são seus e da própria obra: por um lado, vemos como se denuncia a repressão do amor pela sociedade no teatro, sobretudo, porque esse mesmo teatro está dominado por um público movido por convenções, incapaz de aceitar qualquer representação que não seja o que deseja ver e, por outro lado, temos o Diretor prostrado diante de um amor impossível, que finda com a sua própria morte. Uma morte na qual coincidem a impossibilidade desse amor sem etiquetas e a inviabilidade de um teatro que revele as verdades que o público insiste em ignorar.

O redemoinho desses conflitos nos leva, necessariamente, a não obviedade do título da peça e à constatação de que estamos diante de uma obra em que nada é gratuito e onde convergem em significado todos os elementos cênicos de sua manifestação dramática (som, luz, gestual e cenografia).

No percurso desse caminho esplêndido e tortuoso, a tradução de Angela dos Santos nos guia e nos faz reconhecer a difícil tarefa de devolver na mesma moeda o conhecimento e a sensibilidade do autor. Constatamos que seu esforço na prática tradutória vai muito além de termos técnicos, para descansar na perspicácia estilística, capaz de penetrar com acuidade no texto de origem. Exercício de busca por uma sinonímia adequada, alcançada pela perseguição da potência da voz lorquiana e a favor da beleza traduzida em drama poético. O livro, em seu conjunto, evidencia uma cuidadosa ação de esquadrinhamento de palavras e imagens, que se move no terreno pantanoso da densidade do teatro de Federico García Lorca.

NOTA DA TRADUTORA

HISTÓRIA DO TEXTO

A obra *O público* está imersa em uma história tão intrigante e complexa quanto seu próprio texto.

Escrita, provavelmente em 1930, entre Nova York e Cuba, e terminada em Granada, como indica a data "22 de agosto de 1930", época em que García Lorca se encontrava em sua cidade natal. Segundo Martínez Nadal, amigo e editor de García Lorca, havia, possivelmente, duas versões completas, além do manuscrito entregue a ele antes da morte de Lorca, em 1936: "a que em 1930 leu na casa de Morla, escrita a tinta em pequenas folhas, e a que leu em 1936 no restaurante Buenavista, escrita à máquina em papel tamanho almaço e que considerava definitiva." (MARTÍNEZ NADAL, 1978: 23). O primeiro exemplar, segundo o editor, foi destruído durante a guerra civil, e do outro não se tem notícia.

O primeiro estudo sobre a obra foi feito em 1970, por Rafael Martínez Nadal, que conservou o texto a ele entregue por García Lorca, em 1936, contrariando o seu pedido, que sob a promessa de que se algo acontecesse a ele, o amigo deveria destruir o pacote que, entre alguns papéis, continha o manuscrito dessa peça. Em 1973, o editor publica o manuscrito de *O público,* acompanhado de uma transcrição e uma versão depurada do texto, que contém "três quadros perfeitamente identificáveis — primeiro, quinto e último, que deve ser o sexto —, *Ruína*, possivelmente o segundo, e outro quadro sem numerar que, provavelmente, deve ser o terceiro, um desses precedido pelo *solo do Pastor bobo*. Falta o desaparecido quadro quarto (que em minha memória vejo com o título de Ato IV) e a última página do quadro V." (MARTÍNEZ NADAL,1970: 25). Desses cinco quadros que conhecemos hoje, dois foram publicados em junho de 1933, na revista *Los Cuatro Vientos*, de número 3. De acordo com as lembranças de Martínez Nadal, das leituras feitas por Lorca, o texto teria seis quadros, e provavelmente um deles, o quarto, teria se perdido. Esta hipótese, no entanto, é contestada por alguns críticos; María Clementa Millán levanta a possibilidade de que Lorca poderia ter mudado de ideia e reduzido a obra aos cinco quadros que conhecemos, ainda que o texto conservado possuísse a distribuição antiga dos quadros 5 e 6. Ainda assim, para Millán, o texto é bastante coerente, porque o leitor não sente falta do possível quadro desaparecido. Tudo o que aconteceu é contado pelas personagens no quadro quinto.

Quanto à organização do texto feita por Martínez Nadal, Ana María Gómez Torres afirma que foi sistematizada de maneira errada; o texto do Pastor Bobo, batizado por Nadal, colocado entre os quadros quinto e sexto, deveria abrir a obra como um introito de raiz clássica:

> O texto do Pastor Bobo, que há de colocar como abertura do drama e não entre os quadros quinto e sexto, como vem sendo feito de maneira errada em todas as edições. A folha que contém a canção do Pastor Bobo está misturada com outras do manuscrito de *O público*, sem indicação de título nem de posição no texto. (GÓMEZ TORRES, 1995: 38).

Gómez Torres justifica-se, mostrando a função do prólogo, em que a personagem anuncia os temas que serão desenvolvidos pela peça, como o teatro, o amor, o vazio e a morte; e acrescenta que a aparição dessa personagem em cena romperia as expectativas do público, acostumado a comédias naturalistas, estereotipadas e ambientes facilmente identificáveis. Mas em sua edição, mantém a mesma organização daquela organizada por Nadal.

A última publicação existente da obra lorquiana é a de Luis Trigueros-Ramos y López, *O público (de um drama em 5 atos)*, de 2013. Em seu estudo crítico, utiliza como base o manuscrito e faz o cotejo dos quadros publicados na revista *Los Cuatro Vientos*, a edição de Martínez Nadal e a de María Clementa Millán. López propõe uma nova estrutura já discutida por alguns críticos sobre o texto *O Solo do Pastor Bobo*, incluindo como prólogo ou introito ao drama, e oferece, como ele mesmo salienta, uma dinâmica teatral diferente das edições anteriores. Sua edição está mais próxima do manuscrito, respeita a pontuação original, e quanto às questões relativas à caligrafia de Lorca, que impedem a leitura de muitas palavras, foram cotejadas com as outras edições e, assim, tomadas as decisões que lhe pareciam coerentes com o texto.

Com essa nova proposta de organização da estrutura da obra, dediquei-me a revisar e reformular o texto de minha dissertação de mestrado apresentada à área de Língua e Literatura Espanhola e Hispano Americana da Faculdade de Letras, Filosofia e Ciências Sociais da Universidade de São Paulo, em 2001, sob a orientação do professor Dr. Mario Miguel González. Decidi tomar como base a última edição publicada em 2013 (Luis Trigueros-Ramos y López), sem deixar de lado o cotejo das edições existentes: Martínez Nadal. Seix Barral (1978), María Clementa Millán. Cátedra, Madrid (1995).

TÍTULO DA PEÇA

A proposta de criar um teatro didático, pedagógico, à maneira brechtiana, se contrapunha ao teatro dominante da época, um teatro, que segundo García Lorca, havia perdido seu verdadeiro sentido, o da ação social com orientação educativa e artística. Em uma declaração, Lorca protesta contra o fator mercantilista, pondo em discussão a necessidade de salvar o teatro, atacando os empresários e produtores que tiravam benefícios financeiros da arte.

Aqui, o grave é que as pessoas que vão ao teatro não querem que os faça pensar sobre nenhum tema moral... chegam tarde, entram e saem sem respeito algum. (GARCÍA LORCA, 1974: 973)

Lorca aborda esse tema em várias de suas obras, mas é com *O público* que a discussão sobre a situação do teatro está mais explícita, apresenta elementos metateatrais e defende o direito à liberdade de revelar a verdade mais profunda.

Em outra de suas declarações, García Lorca responde de forma contundente à uma entrevista em que o jornalista pergunta sua opinião sobre o teatro produzido nas primeiras décadas do século XX: "Um teatro feito por porcos e para porcos". (GARCÍA LORCA, 1974: 918)

Esta declaração, como outras que García Lorca fez sobre o teatro espanhol, nos revela sua atitude de dramaturgo frente à dramaturgia, e nos faz pensar sobre seu conceito de vanguarda. Um conceito que sabia muito bem que consistia em mudar a atitude do público frente ao teatro e acreditava que esse era o problema principal da renovação teatral, e não a criação. Sua proposta para um novo teatro, um teatro que por sua vez, poderia educar e divertir, está patente em suas obras e ainda mais explicitamente em *O público*, o qual leva um título irônico que para ele era "o espelho do público". O fato de que o espectador pudesse se ver refletido em uma peça era já um passo para refletir sobre sua própria atitude de simples espectador.

O absurdo e decadente é sua organização. Isso de que um senhor, pelo mero fato de dispor de uns milhões, se erija censor de obras e definidor do teatro, é intolerável e vergonhoso. (GARCÍA LORCA, 1974: 973)

ESTRUTURA DA PEÇA

Esta obra é considerada uma peça complexa, devido não só ao seu aspecto metateatral, em que as personagens são espectadores e, ao mesmo tempo, autores de seu próprio texto. Tal complexidade pode ser explicada não só pelos símbolos e máscaras, mas também pela estrutura da peça, que se apresenta de forma fragmentada. Por exemplo, não sabemos o momento em que se produz a passagem do *teatro ao ar livre* ao *teatro sob a areia*. Mas podemos observar alguns enlaces lógicos que relacionam um quadro ao outro, como a expressão usada pelo *Diretor*, ao final do quadro primeiro: *"podemos começar"* com o diálogo das duas Figuras em *Ruína Romana*, quadro segundo, no qual tem início o teatro *sob a areia*. No início do quadro terceiro, percebemos um outro enlace lógico quando o Homem 1 diz *"Depois do que aconteceu"*, referindo-se ao que sucedera na ruína. No quadro quinto, há outro enlace lógico, uma *"salva de palmas"*. Há outros enlaces expressados pelo Diretor no quadro sexto, quando *"meus amigos e eu abrimos o túnel sob a areia (...) Quando chegamos ao sepulcro levantamos o pano"*. Isto parece relacionar-se com o quadro terceiro quando aparece o sepulcro de Julieta em Verona.

Não há tempo objetivo na peça, só há algumas referências temporais. Há pontos difusos como, por exemplo, quando o *Enfermeiro* diz ao *Nu Velho* que *"você está adiantado dois minutos"*, não sabemos com que referência horária se produziu o adiantamento de dois minutos. Há, sim, uma referência simbólica, *"É que o rouxinol já cantou"*.

Em relação ao espaço não é diferente. Não conseguimos identificar em nenhum dos quadros uma realidade objetiva; as referências a esta se mesclam com alusões ao mundo em que transcorre a obra. Por exemplo, a *"mão impressa na parede"*; as janelas que *"são radiografias"*, no quadro primeiro; *"lua transparente quase de gelatina"*, quadro terceiro; *"cabeça de cavalo"* e *"olho enorme"*, no último quadro. A única decoração realista é o sepulcro de Julieta, *"O muro se abre e aparece o sepulcro de Julieta em Verona"*.

Embora a falta do quadro quarto não prejudique a compreensão do texto, não sabemos exatamente o que aconteceu durante a encenação da peça, mas conseguimos identificar no quadro quinto que houve uma reação do público ante o descobrimento de que quem representa Julieta é *"um rapaz de quinze anos e Romeu, um jovem de trinta anos"*. O público, cheio de indignação e repugnância, segundo as personagens do quadro quinto, quer assassinar os culpados; antes disso, chama o juiz, que ordena que se repita a cena do sepulcro. Os espectadores querem que *"o poeta seja arrastado pelos Cavalos"*. Só percebemos que houve uma rebelião no teatro no quadro quinto, pois esta é contada na voz de estudantes que *"Vestidos com mantos negros e becas vermelhas"* e por damas que representam o convencionalismo. Não existe nenhum indício de que estas personagens fizessem parte do quadro quarto.

AS PERSONAGENS E O PÚBLICO

Como esta proposta tem como base a tradução e não uma análise da obra, apresentarei brevemente as personagens contidas na peça como parte da apresentação da tradução.

A peça discute a finalidade do teatro e possui um caráter revolucionário, pois coloca em discussão temas como o direito individual de amar livremente, seja qual for a maneira. Para fundamentar o tema da impossibilidade do amor, Lorca evoca dramas shakesperianos: o objeto do desejo pode ser um asno como em *O Sonho de uma noite de Verão*, ou como em *O público*, "Romeu pode ser uma ave e Julieta pode ser uma pedra. Romeu pode ser um grão de sal e Julieta pode ser um mapa. O que isso interessa ao público?".

O início da peça é um desafio ao público, ao público de um teatro que representa a sociedade, em geral, conservadora, e expõe abertamente a problemática da homossexualidade. Lorca pretendia explorar, no teatro, temas de difícil abordagem que levassem a sociedade a uma reflexão sobre os valores éticos e sociais em que ela se sustentava.

A obra revela uma estrutura que se apresenta de forma fragmentada e um difícil jogo simbólico, de múltiplas facetas, distribuídas em uma série de quadros que parecem não guardar relação entre si, seres surgidos do mundo da fábula, da Roma Antiga, do Evangelho, e mediante uma sucessão de metamorfoses a que as estas figuras se submetem.

Há cerca de 40 personagens na peça, na qual estão dispostas em dois planos definidos e explicitados pelo autor: um, o falso teatro — que na obra, está referido como *"teatro ao ar livre"* — e um outro, o verdadeiro teatro — referido como *"teatro sob a areia"*.

Obra revolucionária, não só por trazer à luz uma reflexão sobre o teatro de vanguarda, mas também pelo tratamento do tema do amor e do direito do indivíduo a amar segundo as exigências de sua individualidade. Obra de protesto frente à injustiça de uma sociedade cruel, e a angústia de um homem que não pôde viver abertamente sua íntima realidade.

CRITÉRIOS PARA A TRADUÇÃO

Em uma entrevista dada a "La voz de Madrid", em 1936, Lorca define o teatro de uma forma que expressa muito bem sua obra e, principalmente, a que apresentamos aqui: "O teatro é a poesia que se levanta do livro e se faz humana. E ao fazer-se, fala e grita, chora e se desespera. O teatro necessita que as personagens que aparecem em cena levem um traje de poesia e ao mesmo tempo que vejam os seus ossos, o sangue". Esta definição proposta por Lorca de que o teatro fala, grita, chora, se desespera e sangra, exige estratégias e decisões do tradutor que produzam uma força na linguagem de forma poética, o que não é uma tarefa fácil, pois requer cuidado nas escolhas, já que não é possível traduzir com precisão as imagens de um texto como *O público*, que conta com uma linguagem impregnada de jogos simbólicos, estrutura fragmentada e, ao mesmo tempo, poética.

Embora a peça tenha um caráter muito atual, o distanciamento temporal de mais de meio século, produz um certo estranhamento da linguagem utilizada por García Lorca em *O público*, em um leitor espanhol deste século. Para um brasileiro, não seria diferente se procurássemos traduzir a peça, utilizando uma linguagem usada no Brasil na mesma época em que a obra foi escrita, ou seja, na década de 30.

Para isso, tentamos aproximar a linguagem utilizada na peça a uma linguagem atual, colocando a obra ao alcance do leitor brasileiro do início do século XXI. Sendo assim, procuramos estabelecer alguns critérios, como levar em conta as características do discurso teatral, ou seja, como texto falado. Dessa forma, o leitor perceberá que algumas escolhas não estão orientadas pela gramática normativa.

Quanto à colocação dos pronomes átonos, por exemplo, optei por usá-los antes do verbo, já que esta é a forma usual do português brasileiro contemporâneo: "Me dá um chicote!".

Seguindo o critério estabelecido acima, optei pelo pronome "você" ao pronome em segunda pessoa "tu", pois este soaria artificial e fora de uso. Porém, mantive o pronome átono "te" em trechos como: "Acredita que não te conheço?"; "Nunca te disse.".

O uso do pronome possessivo "teu(s)", "tua(s)", em vez de "seu(s)", "sua(s)", produz ambiguidade em determinados momentos; por isso, resolvi utilizá-los em segunda pessoa para não transmitir um caráter de ambiguidade, onde não existe.

Quanto aos nomes próprios das personagens, decidi convertê-los para a grafia do português, já que todos os nomes próprios que estão na peça têm correspondência em nossa língua como: "Gonzalo — Gonçalo", "Enrique — Henrique", "Elena — Helena".

No prólogo, optei por manter a rima dos versos terminados em "etas". Com isso a palavra "caretas", que traduzi como "máscaras" em toda a peça, somente no poema ela se mantém. Acredito que ela não perde totalmente o sentido, já que "careta", em português, também pode significar máscara.

Mantive a palavra "gipaeta" porque foi emprestada do latim por Lorca. *Gipaetus Barbadus* é uma ave de rapina, abutre barbado, ave originária das montanhas da Europa, Ásia e África. Assim, decidi manter a palavra, sem prejudicar o sentido do poema.

A tradução vem acompanhada de notas críticas, que complementam a "Introdução", e notas explicativas, que esclarecem aspectos do léxico e/ou sintaxe do original.

O objetivo da tradução não foi o de realizar uma "adaptação" da obra. Assim, deixo para o eventual diretor de uma encenação as acomodações necessárias à representação.

A Mario M. González (In memoriam)
"Yo canto para luego tu perfil y tu gracia.
La madurez insigne de tu conocimiento."
(Federico García Lorca, Alma ausente (Llanto por Ignacio Sánchez Mejías))

O PÚBLICO

O PÚBLICO[1]

(DE UM DRAMA EM 5 ATOS)[2]

INTROITO[3]

(Cortina azul. No centro, um grande armário cheio de máscaras brancas de diversas expressões. Cada máscara tem sua luzinha na frente. O PASTOR BOBO vem pela direita. Veste peles bárbaras e leva na cabeça um funil cheio de plumas e rodinhas. Toca sanfona e dança em ritmo lento.)

O PASTOR
O pastor bobo cuida das caretas,
as caretas
dos mendigos e dos poetas,
que matam as gipaetas[4]
quando voam pelas águas quietas.
Caretas

---

[1] Esta tradução é produto do cotejo das edições de Martínez Nadal. Seix Barral (1978), María Clementa Millán. Cátedra, Madrid (1995) e Luis Trigueros-Ramos y López (2013), à qual tomo como base por se tratar da última edição.

[2] Foi respeitado o subtítulo que o autor publicou parcialmente (segundo e quinto quadros) na revista *Los Cuatro Vientos*, em 1933.

[3] De acordo com os estudos feitos tanto por María Clementa Millán e Luis Trigueros-Ramos y López (2013) em suas edições críticas, dadas as características de prólogo, utilizou-se aqui a proposta da última edição da obra, diferente das outras que aparece "Solo do Pastor bobo".

[4] Foi mantida a palavra "gipaeta" por ter sido emprestada do latim por Lorca. Em latim, *gypaetus barbadus* é uma ave de rapina, *abutre barbado*, ave originária das montanhas da Europa, Ásia e África.

dos meninos que usam a punheta
e apodrecem debaixo de uma seta.
Caretas
das águias com muletas.
Careta da careta
que era de gesso de Creta
e se pôs de lãzinha cor violeta
no assassinato de Julieta.
Adivinha. Adivinha. Adivinheta
de um teatro sem lunetas
e um céu cheio de cadeiras
com o oco de uma careta.
Balar, balar, balar caretas.
(*As caretas balam imitando as ovelhas e alguma delas tosse.*)
Os cavalos devoram a seta
e apodrecem debaixo da veleta.
As águias usam a punheta
e se lambuzam de lama debaixo do cometa.
E o cometa devora a gipaeta
Que arranhava o peito do poeta.
Balar, balar, balar caretas!
Europa arranca suas tetas,
Ásia fica sem lunetas
e América é um crocodilo
que não precisa de careta.
A musiquinha, a musiqueta
das puas[5] feridas e a galheta.[6]
(*Empurra o armário que vai subindo sobre rodas, e desaparece. As caretas balam.*)

---

[5] Significa espinho, palheta.
[6] Significa pequeno vaso de vidro em que se serve o azeite ou vinagre.

PRIMEIRO QUADRO

(*Quarto do DIRETOR. O DIRETOR está sentado. Vestido de fraque. Cenografia azul. Uma grande mão impressa na parede. As janelas são radiografias.*).

CRIADO. Senhor.

DIRETOR. O quê?

CRIADO. Aí está o público.

DIRETOR. Que entre.

(*Entram quatro CAVALOS BRANCOS[1]*).

DIRETOR. O que desejam? (*Os CAVALOS tocam suas trombetas*). Isso seria se eu fosse um homem com capacidade para o suspiro. Meu teatro sempre ao ar livre. Mas eu perdi toda minha fortuna. Se não, envenenaria o ar livre. Só preciso de uma pequena seringa. Fora daqui! Fora de minha casa, cavalos! Já foi inventada cama para dormir com os cavalos. (*Chorando*) Meus cavalinhos.

---

[1] Entendo que estes Cavalos Brancos se relacionam com os Cavalos, também brancos, da obra *Orfeu*, de Cocteau. Estas personagens, tanto na obra de Lorca quanto na de Cocteau, possuem características humanas e estão presentes desde o início nas obras de ambos autores.

OS CAVALOS. (*Chorando*) Por três moedas. Por duas moedas, por um prato de sopa, por um frasco de perfume vazio, por tua saliva, por um recorte de tuas unhas.

DIRETOR. Fora! Fora! Fora! (*Ele toca a campainha.*)

OS CAVALOS. Não tem de quê! Antes teus pés fediam e nós tínhamos três anos. Esperávamos na privada, esperávamos atrás das portas e depois enchíamos tua cama de lágrimas. (*Entra o CRIADO*)

DIRETOR. Me dá um chicote!

OS CAVALOS. E teus sapatos estavam curtidos pelo suor, mas sabíamos compreender que a mesma relação tinha a lua com as maçãs podres na grama.

DIRETOR. (*Ao CRIADO.*) Abre as portas!

OS CAVALOS. Não, não, não. Abominável! Te vejo coberto de véu e come a cal dos muros que não é sua.

CRIADO. Não abro a porta. Eu não quero aparecer no teatro.

DIRETOR. (*Batendo nele.*) Abre!

(*OS CAVALOS empunham longas trombetas douradas e dançam lentamente ao som da música.*)

CAVALO 1. Abomináveis!

CAVALOS 2, 3 e 4. Velnamiboá.

CAVALO 1. Abominável!

CAVALOS 2, 3 e 4. Velnamiboá.

(*O CRIADO abre a porta.*)

DIRETOR. Teatro ao ar livre! Fora! Vamos! Teatro ao ar livre. Fora daqui! (*Os CAVALOS saem.*) (*Ao CRIADO*) Continua.

(*O DIRETOR senta-se atrás da mesa*).

CRIADO. Senhor.

DIRETOR. O quê?

CRIADO. O público.

DIRETOR. Que entre.

(*O DIRETOR troca sua peruca loira por uma morena. Entram três HOMENS vestidos de fraque exatamente iguais. Usam barbas escuras*).

HOMEM 1. O senhor Diretor do teatro ao ar livre, por favor.

DIRETOR. Às suas ordens.

HOMEM 1. Viemos parabenizá-lo por sua última obra.

DIRETOR. Obrigado.

HOMEM 3. Originalíssima.

HOMEM 1. E que belo título! Romeu e Julieta.[2]

DIRETOR. Um homem e uma mulher que se apaixonam.

---

[2] *Romeu e Julieta*, obra de Shakespeare, usada por Lorca, em um primeiro momento, como contraponto negativo ao texto inglês, exemplo do teatro convencional.

HOMEM 1. Romeu pode ser uma ave e Julieta pode ser uma pedra. Romeu pode ser um grão de sal e Julieta pode ser um mapa.

DIRETOR. Mas nunca deixarão de ser Romeu e Julieta.

HOMEM 1. E apaixonados. O senhor acredita que estavam apaixonados?

DIRETOR. Bom... eu não sou eles...

HOMEM 1. Chega! Chega! O senhor mesmo se denuncia.

HOMEM 2. (*Ao HOMEM 1.*) Calma. A culpa é tua. Pra que ir atrás dos teatros? Vai atrás de um bosque e ele fácil vai abrir o ruído de sua seiva para os teus ouvidos. Mas um teatro!

HOMEM 1. É na porta dos teatros onde é preciso bater; é nos teatros para...

HOMEM 3. Para que se saiba a verdade das sepulturas.

HOMEM 2. Sepulturas com refletor a gás, e anúncios, e longas filas de assentos.

DIRETOR. Cavalheiros...

HOMEM 1. Sim. Sim. Diretor do teatro ao ar livre, autor de Romeu e Julieta.

HOMEM 2. Como urinava Romeu, senhor Diretor? Não é bonito ver Romeu urinar? Quantas vezes fingiu atirar-se da torre para ser capturado na comédia de seu sofrimento? O que acontecia, senhor Diretor..., quando não acontecia? E o sepulcro? Por que, no final, o senhor não desceu as escadas do sepulcro? O senhor pode ter visto um anjo que levava o sexo de Romeu enquanto deixava o outro, o seu, o que lhe correspondia. E se eu lhe disser que a personagem principal foi uma flor venenosa,[3] o que o senhor pensaria? Responda!

DIRETOR. Senhores, o problema não é esse.

HOMEM 1. (*Interrompendo.*) Não há outro. Teremos necessidade de enterrar o teatro pela covardia de todos. Eu vou ter que me dar um tiro.

HOMEM 2. Gonçalo!

HOMEM 1. (*Lentamente.*) Vou ter que me matar para inaugurar o verdadeiro teatro, o teatro debaixo da arena.[4]

DIRETOR. Gonçalo...

HOMEM 1. Como? (*Pausa.*)

DIRETOR. (*Reagindo.*) Mas não posso. Tudo afundaria. Seria cegar os meus filhos, e depois, o que faço com o público? O que faço com o público se tiro o parapeito da ponte? Viria a máscara me devorar. Uma vez, eu vi um homem devorado pela máscara. Os jovens mais fortes da cidade, com espadas ensanguentadas, enfiavam no seu traseiro grandes bolas de jornais velhos, e na América, uma vez, um rapaz foi enforcado pela máscara com seus próprios intestinos.

HOMEM 1. Magnífico!

HOMEM 2. Por que o senhor não diz isso no teatro?

---

[3] Refere-se à flor venenosa usada por Shakespeare em *O sonho de uma noite de verão*; graças à ela Titania se apaixona por um asno.
[4] Início da discussão sobre os dois tipos de teatro: o falso teatro — *teatro ao ar livre* — e o verdadeiro *teatro* — *teatro debaixo da arena*. Assim, Lorca emprega o conceito de teatro dentro do teatro, já utilizado por Luigi Pirandelo em *Seis personagens à procura de autor*.

HOMEM 3. Isso é o início de um argumento.

DIRETOR. Em todo caso, um final.

HOMEM 3. Um final ocasionado pelo medo.

DIRETOR. Está claro, senhor. O senhor não deve acreditar que eu seja capaz de tirar a máscara em cena.

HOMEM 1. Por que não?

DIRETOR. E a moral? E o estômago dos espectadores?

HOMEM 1. Há quem vomite quando vê um polvo virado do avesso, outros ficam pálidos se ouvem pronunciar com a devida intenção a palavra câncer; mas o senhor sabe que contra isso existe a folha-de-flandres, e o gesso, e a adorável mica, e, em último caso, o papelão, que está ao alcance de todas as fortunas como meio expressivo. (*Levanta-se.*) Mas o que o senhor quer é nos enganar. Nos enganar para que tudo continue igual e nos seja impossível ajudar os mortos. O senhor é o culpado de que as moscas tenham caído em quatro mil laranjadas que eu havia preparado. E outra vez tenho que começar a arrancar as raízes.

DIRETOR. (*Levantando-se.*) Eu não discuto, senhor. Mas o que o senhor quer de mim? Oferece uma obra nova?

HOMEM 1. O senhor acha que há obra mais nova do que nós, com nossas barbas... e o senhor?

DIRETOR. E eu...?

HOMEM 1. Sim... o senhor.

HOMEM 2. Gonçalo!

HOMEM 1. (*Olhando para o DIRETOR.*) Ainda o reconheço e parece que o estou vendo aquela manhã em que o senhor prendeu uma lebre, que era um prodígio de velocidade, numa pequena bolsa de livros. E outra vez, que pôs duas rosas nas orelhas, no primeiro dia em que descobriu o penteado partido ao meio. E você, me reconhece?[5]

DIRETOR. Não é este o argumento. Por Deus! (*Gritando.*) Helena! Helena! Helena![6] (*Corre para a porta.*)

HOMEM 1. Mas hei de te levar ao palco, queira ou não queira. Você me fez sofrer demais. Rápido! O biombo! O biombo! (*O HOMEM 3 pega o biombo e o coloca no meio do palco.*)

DIRETOR. (*Chorando.*) O público há de me ver. Meu teatro vai afundar. Eu tinha feito os melhores dramas da temporada, mas agora...!

(*Soam as trombetas dos CAVALOS. O HOMEM 1 se dirige para o fundo e abre a porta.*)

HOMEM 1. Entrem com a gente! Vocês têm lugar no drama. Todo mundo. (*Para o DIRETOR.*) E você, passa por trás do biombo.

(*Os HOMENS 2 e 3 empurram o DIRETOR. Este passa por trás do biombo e aparece na outra ponta um rapaz vestido de cetim branco com uma gola branca drapê no pescoço. Deve ser uma atriz. Carrega um pequeno violãozinho preto.*)

HOMEM 1. Henrique! Henrique! (*Cobre o rosto com as mãos.*)

HOMEM 2. Não me faça passar pelo biombo. Me deixa em paz. Gonçalo!

---

[5] Mudança na forma de tratamento que introduz traços da relação que se estabelece entre as personagens ao longo do texto.
[6] Representa Helena de Tróia, dona de incomparável beleza e que encarna, nesta obra, a figura da mulher que traz a morte e a destruição.

DIRETOR. (*Frio e tocando o violão.*) Gonçalo, hei de cuspir muito em você. Quero cuspir e rasgar seu fraque com umas tesourinhas. Seda e agulha! Quero bordar. Não gosto de tatuagens, mas quero bordar-te com sedas.

HOMEM 3. (*Aos CAVALOS.*) Sentem onde quiserem.

HOMEM 1 (*Chorando.*) Henrique! Henrique!

DIRETOR. Bordarei sobre a tua carne e vou gostar de te ver dormir no telhado. Quanto dinheiro você tem no bolso? Queima! (*O HOMEM 1 acende um fósforo e queima o dinheiro.*) Nunca vejo bem como desaparecem os desenhos na chama. Você não tem mais dinheiro? Como você é pobre, Gonçalo! E meu batom? Você não tem batom? Que tédio.

HOMEM 2. (*Tímido.*) Eu tenho. (*Tira um batom de baixo da barba e oferece a ele.*)

DIRETOR. Obrigado... mas... mas também você está aqui? Já para o biombo! Você também, para o biombo. E você ainda suporta essa pessoa, Gonçalo?

(*O DIRETOR empurra bruscamente o HOMEM 2 e pela outra ponta do biombo aparece uma mulher vestida com calça de pijama preto e uma coroa de papoulas na cabeça. Traz na mão uma máscara com bigode loiro e óculos que usará em alguns momentos do drama.*)

HOMEM 2. (*Secamente.*) O batom!

DIRETOR. Ra, Ra, Ra! Oh! Maximiliana, imperatriz da Baviera! Oh! Mulher má!

HOMEM 2. (*Pondo o bigode sobre os lábios.*) Eu te recomendaria um pouco de silêncio.

DIRETOR. Oh! Mulher má! Helena! Helena!

HOMEM 1. (*Forte.*) Não chame a Helena.

DIRETOR. E por que não? Ela me amou muito quando meu teatro estava ao ar livre. Helena!

(*HELENA sai pelo lado esquerdo. Veste-se de grega. Sobrancelhas azuis, o cabelo branco e os pés de gesso. O vestido, aberto totalmente na frente, deixa ver suas coxas cobertas com apertada malha rosa. O HOMEM 2 põe o bigode nos seus lábios.*)

HELENA. Outra vez a mesma coisa?

DIRETOR. Outra vez.

HOMEM 3. Por que você entrou no palco, Helena? Por que você entrou se não vai me amar?

HELENA. Quem te disse isso? Mas por que você me ama tanto? Eu beijaria os teus pés se você me castigasse e se fosse com as outras mulheres. Mas você me adora demais e só a mim. É preciso terminar de uma vez.

DIRETOR. (*Ao HOMEM 3.*) E eu? Você não se lembra de mim? Não se lembra de minhas unhas arrancadas? Como teria conhecido as outras e a você não? Por que te chamei, Helena? Por que te chamei, suplício meu?

JULIETA.[7] (*Ao HOMEM 3.*) Vai com ele! E confessa logo a verdade que você me esconde. Não me importa que você estivesse bêbado e que queira se justificar, mas você o beijou e dormiu com ele na mesma cama.

---

[7] Aparição repentina da personagem Julieta, pois não é mencionada na rubrica.

HOMEM 3. Helena! (*Passa rapidamente por trás do biombo e aparece sem barba com a cara muito pálida e com um chicote na mão. Usa um bracelete com rebites dourados.*)

HOMEM 3. (*Chicoteando o DIRETOR.*) Você sempre fala, sempre mente e hei de acabar com você sem a menor misericórdia.

OS CAVALOS. Misericórdia! Misericórdia!

HELENA. Você poderia continuar chicoteando um século inteiro e eu não acreditaria em você. (*O HOMEM 3 se dirige a HELENA e aperta seus pulsos.*) Você poderia continuar um século inteiro apertando meus dedos e não conseguiria fazer escapar de mim um só gemido.

HOMEM 3. Veremos quem pode mais!

HELENA. Eu e sempre eu.

(*Aparece o CRIADO.*)

HELENA. Me leva logo daqui com você! Me leva! (*O CRIADO passa por trás do biombo e sai da mesma maneira.*) Me leva! Para muito longe! (*O CRIADO a toma em seus braços.*)

DIRETOR. Podemos começar.

HOMEM 1. Quando quiser.

OS CAVALOS. Misericórdia! Misericórdia!

(*OS CAVALOS tocam suas longas trombetas. As personagens estão rígidas em seus postos.*)

(*Pano lento.*)

SEGUNDO QUADRO

RUÍNA ROMANA

(*Uma das figuras, totalmente coberta de pâmpanos vermelhos, toca uma flauta, sentada sobre um capitel. Uma outra, coberta de guisos de cascavel dourados, dança no centro do palco.*)

FIGURA DE GUISOS. Se eu me transformasse em nuvem?

FIGURA DE PÂMPANOS. Eu me transformaria em olho.

FIGURA DE GUISOS. Se eu me transformasse em excremento?

FIGURA DE PÂMPANOS. Eu me transformaria em mosca.

FIGURA DE GUISOS. Se eu me transformasse em maçã?

FIGURA DE PÂMPANOS. Eu me transformaria em beijo.

FIGURA DE GUISOS. Se eu me transformasse em peito?

FIGURA DE PÂMPANOS Eu me transformaria em lençol branco.

VOZ. (*Sarcástica.*) Bravo!

FIGURA DE GUISOS. E se eu me transformasse em peixe-lua?

FIGURA DE PÂMPANOS. Eu me transformaria em punhal.

FIGURA DE GUISOS. (*Parando de dançar.*) Mas por quê? Por que você me atormenta? Se você me ama, como não vem comigo até onde eu quiser? Se eu me transformasse em peixe-lua, você se transformaria em onda de mar, ou em alga, e se quiser algo muito distante, por não querer me beijar, você se transformaria em lua cheia. Mas em punhal! Você tem prazer em interromper a minha dança. E dançando é a única maneira que tenho de te amar.

FIGURA DE PÂMPANOS. Quando você ronda o leito e os objetos da casa, eu te sigo, mas não te sigo aos lugares para onde você, cheio de sagacidade, pretende me levar. Se você se transformasse em peixe-lua, eu te abriria com um punhal, porque sou um homem, porque não sou nada mais que isso, um homem, mais homem que Adão, e quero que você seja ainda mais homem do que eu. Tão homem que não haja ruído nos galhos quando você passar. Mas você não é um homem. Se eu não tivesse esta flauta, você fugiria para a lua, para a lua coberta de lencinhos de renda com gotas de sangue de mulher.

FIGURA DE GUISOS. (*Timidamente.*) E se eu me transformasse em formiga?

FIGURA DE PÂMPANOS. (*Enérgico.*) Eu me transformaria em terra.

FIGURA DE GUISOS. (*Mais forte.*) E se eu me transformasse em terra?

FIGURA DE PÂMPANOS. (*Mais fraco.*) Eu me transformaria em água.

FIGURA DE GUISOS. (*Vibrante.*) E se eu me transformasse em água?

FIGURA DE PÂMPANOS. (*Desfalecido.*) Eu me transformaria em peixe-lua.

FIGURA DE GUISOS. (*Trêmulo.*) E se eu me transformasse em peixe-lua?

FIGURA DE PÂMPANOS. (*Levantando-se.*) Eu me transformaria em punhal. Em um punhal amolado durante quatro longas primaveras.

FIGURA DE GUISOS. Me leva ao banheiro e me afoga. Será a única forma de me ver nu. Você acha que eu tenho medo de sangue? Eu sei como te dominar. Acha que eu não te conheço? De tanto te dominar, sei que se eu te dissesse "Se eu me transformasse em peixe-lua?", você me responderia "eu me transformaria em uma bolsa de ovas bem pequenas".

FIGURA DE PÂMPANOS. Pega um machado e corta as minhas pernas. Deixa que venham os insetos da ruína e vai embora, porque te desprezo. Queria que você se encharcasse até os ossos. Cuspo em você.

FIGURA DE GUISOS. É isso o que você quer? Adeus. Estou tranquilo. Descendo pela ruína irei encontrando amor e cada vez mais amor.

FIGURA DE PÂMPANOS. (*Angustiado.*) Aonde você vai? Aonde você vai?

FIGURA DE GUISOS. Você não está dizendo para eu ir embora?

FIGURA DE PÂMPANOS. (*Com voz fraca.*) Não, não vá. E se eu me transformasse em grãozinho de areia?

FIGURA DE GUISOS. Eu me transformaria em chicote.

FIGURA DE PÂMPANOS. E se eu me transformasse em uma bolsa de ovas pequeninas?

FIGURA DE GUISOS. Eu me transformaria em outro chicote. Um chicote feito com cordas de violão.

FIGURA DE PÂMPANOS. Não me açoite!

FIGURA DE GUISOS. Um chicote feito com amarras de barco.

FIGURA DE PÂMPANOS. Não me bata no ventre!

FIGURA DE GUISOS. Um chicote feito com os estames de uma orquídea.

FIGURA DE PÂMPANOS. Você vai acabar me deixando cego!

FIGURA DE GUISOS. Cego, porque você não é homem. Eu sim, sou um homem. Um homem, tão homem, que desmaio quando os caçadores acordam. Um homem, tão homem, que sinto uma dor aguda nos dentes quando alguém quebra um galho de árvore por pequeno que seja. Um gigante. Um gigante, tão gigante, que posso cortar uma rocha com a unha de um recém-nascido.

FIGURA DE PÂMPANOS. Estou esperando a noite, angustiado pela brancura da ruína, para poder me arrastar a teus pés.

FIGURA DE GUISOS. Não. Não. Por que você me diz isso? É você quem deve me obrigar a agir assim. Você não é um homem? Um homem mais homem que Adão?

FIGURA DE PÂMPANOS. (*Caindo no chão.*) Ai! Ai!

FIGURA DE GUISOS. (*Aproximando-se em voz baixa.*) E se eu me transformasse em capitel?

FIGURA DE PÂMPANOS. Ai de mim!

FIGURA DE GUISOS. Você se transformaria em sombra de capitel e nada mais. E depois viria Helena à minha cama. Helena, amor meu! Enquanto isso você estaria estendido em baixo das almofadas, cheio de suor, um suor que não seria teu, que seria dos cocheiros, dos fornalheiros e dos médicos que operam o câncer, e então, eu me transformaria em peixe-lua e você já não seria nada mais que uma caixinha de pó de arroz que passa de mão em mão.

FIGURA DE PÂMPANOS. Ai!

FIGURA DE GUISOS. Outra vez? Está chorando outra vez? Terei que desmaiar para que venham os camponeses. Terei que chamar os negros, os enormes negros feridos pelas folhas cortantes das iúcas, que lutam dia e noite com o lodo dos rios. Levanta do chão, covarde. Ontem estive na casa do serralheiro e encomendei uma corrente. Não fuja de mim! Uma corrente, e passei a noite toda chorando porque os meus pulsos e tornozelos doíam, embora ainda não estivesse preso a ela. (*A FIGURA DE PÂMPANOS toca um apito de prata.*) O que você está fazendo? (*Soa o apito outra vez.*) Já sei o que você quer, mas tenho tempo de fugir.

FIGURA DE PÂMPANOS. (*Levantando-se.*) Foge se quiser.

FIGURA DE GUISOS. Me defenderei com o capim.

FIGURA DE PÂMPANOS. Tenta.

(*Soa o apito. Do teto cai um menino vestido com uma malha vermelha*).

MENINO. O Imperador! O Imperador! O Imperador!

FIGURA DE PÂMPANOS. O Imperador!

FIGURA DE GUISOS. Eu farei teu papel. Não se revele. Isso me custaria a vida.

MENINO. O Imperador! O Imperador! O Imperador!

FIGURA DE GUISOS. Tudo entre nós era um jogo. Jogávamos. E agora eu servirei o Imperador imitando a tua voz. Você pode se deitar atrás daquele grande capitel. Nunca te disse isso. Ali há uma vaca que prepara a comida para os soldados.

FIGURA DE PÂMPANOS. O Imperador! Não há mais remédio. Você desfez a teia da aranha e já sinto que meus grandes pés vão se tornando pequeninos e repugnantes.

FIGURA DE GUISOS. Quer um pouco de chá? Onde poderia encontrar uma bebida quente nesta ruína?

MENINO. (*No chão.*) O Imperador! O Imperador! O Imperador!

(*Soa uma trompa e aparece o IMPERADOR dos Romanos. Com ele vem um CENTURIÃO de túnica amarela e pele cinzenta. Atrás vêm os quatro CAVALOS com suas trombetas. O MENINO se dirige ao IMPERADOR. Este o toma em seus braços e se perdem entre os capitéis.*)

CENTURIÃO. O Imperador procura pelo um.

FIGURA DE PÂMPANOS. O um sou eu.

FIGURA DE GUISOS. O um sou eu.

CENTURIÃO. Qual dos dois?

FIGURA DE PÂMPANOS. Eu.

FIGURA DE GUISOS. Eu.

CENTURIÃO. O Imperador adivinhará qual dos dois é o um. Com um punhal ou com uma cuspida. Malditos todos os de vossa casta! Por culpa de vocês estou correndo o mundo e dormindo sobre a areia. Minha mulher é formosa como uma montanha. Dá à luz em quatro ou cinco lugares ao mesmo tempo e nunca no meio do dia debaixo das árvores. Eu tenho duzentos filhos. E terei ainda muitos mais. Maldita seja vossa casta!

(*O CENTURIÃO cospe e canta. Ouve-se um grito longo e sustenido atrás da coluna. Aparece o IMPERADOR limpando a testa. Tira umas luvas pretas, depois umas vermelhas e aparecem suas mãos de uma brancura clássica.*).

IMPERADOR. (*Displicente.*) Qual dos dois é o um?

FIGURA DE GUISOS. Sou eu, senhor.

IMPERADOR. Um é um e sempre um. Degolei mais de quarenta rapazes que não quiseram falar.

CENTURIÃO. (*Cuspindo.*) Um é um e nada mais que um.

IMPERADOR. E não existem dois.

CENTURIÃO. Porque se existissem dois, o Imperador não estaria procurando por esse mundo afora.

IMPERADOR. (*Ao CENTURIÃO.*) Tira as roupas deles!

FIGURA DE GUISOS. Eu sou o um, senhor. Esse é o mendigo das ruínas. Se alimenta das raízes.

IMPERADOR. Fica longe.

FIGURA DE PÂMPANOS. Você me conhece. Você sabe quem sou. (*Tira os pâmpanos e aparece um nu branco de gesso.*)

IMPERADOR. (*Abraçando-o.*) Um é um.

FIGURA DE PÂMPANOS. E sempre um. Se você me beijar, eu abrirei minha boca, para depois, cravar tua espada no pescoço.

IMPERADOR. Assim farei.

FIGURA DE PÂMPANOS. E deixa minha cabeça de amor na ruína. A cabeça de um que foi sempre um.

IMPERADOR. (*Suspirando.*) Um.

CENTURIÃO. (*Ao IMPERADOR.*) Difícil, mas aí está ele.

FIGURA DE PÂMPANOS. Aí está porque a ele nunca poderá pertencer.

FIGURA DE GUISOS. Traição! Traição!

CENTURIÃO. Cala a boca, ratazana velha! Filho da vassoura!

FIGURA DE GUISOS. Gonçalo! Me ajuda, Gonçalo!

(*A FIGURA DE GUISOS puxa uma coluna e esta se desdobra no biombo branco da primeira cena. De trás, saem os três HOMENS barbados e o DIRETOR.*)

HOMEM 1. Traição!

FIGURA DE GUISOS. Nos traiu!

DIRETOR. Traição!

(*O IMPERADOR está abraçado à FIGURA DE PÂMPANOS.*)

(*Pano.*)

TERCEIRO QUADRO

(*Muro de areia. À esquerda, e pintada sobre o muro, uma lua transparente quase de gelatina. No centro, uma imensa folha verde lanceolada.*)

HOMEM 1. (*Entrando.*) Não é isso o que faz falta. Depois do que aconteceu, seria injusto que eu voltasse outra vez para falar com as crianças e observar a alegria do céu.

HOMEM 2. Que péssimo lugar é este.

DIRETOR. Vocês presenciaram a luta?

HOMEM 3. (*Entrando.*) Devem ter morrido os dois. Nunca presenciei um festim tão sangrento.

HOMEM 1. Dois leões. Dois semideuses.

HOMEM 2. Dois semideuses se não tivessem ânus.

HOMEM 1. Mas o ânus é o castigo do homem. O ânus é o fracasso do homem, é sua vergonha e sua morte. Os dois tinham ânus e nenhum dos dois podia lutar com a beleza pura dos mármores que brilhavam conservando desejos íntimos defendidos por uma superfície imaculada.

HOMEM 3. Quando a lua nasce, os meninos do campo se reúnem para defecar.

HOMEM 1. E atrás dos juncos, à margem fresca dos remansos, encontramos o rastro do homem que torna horrível a liberdade dos nus.

HOMEM 3. Devem ter morrido os dois.

HOMEM 1. (*Enérgico.*) Devem ter vencido.

HOMEM 3. Como?

HOMEM 1. Sendo homens os dois e não se deixando levar pelos falsos desejos. Sendo integramente homens. Alguma vez um homem pode deixar de ser homem?

HOMEM 2. Gonçalo!

HOMEM 1. Foram vencidos e agora tudo servirá para chacota e escárnio das pessoas.

HOMEM 3. Nenhum dos dois era um homem. Como vocês também não são. Me dá asco a companhia de vocês.

HOMEM 1. Aí atrás, na última parte do festim, está o Imperador. Por que você não sai e o estrangula? Reconheço a tua coragem tanto quanto justifico a tua beleza. Por que você não se atira sobre ele e com os teus próprios dentes devora o seu pescoço?

DIRETOR. E por que não você faz isso?

HOMEM 1. Porque não posso, porque não quero, porque sou fraco.

DIRETOR. Mas ele pode, ele quer, ele é forte. (*Em voz alta.*) O Imperador está na ruína!

HOMEM 3. Que vá quem quiser respirar o seu hálito.

HOMEM 1. Você!

HOMEM 3. Somente poderia convencer vocês se eu estivesse com o meu chicote.

HOMEM 1. Você sabe que eu não resisto, mas te desprezo por covarde.

HOMEM 2. Por covarde!

DIRETOR. (*Forte e olhando para o HOMEM 3.*) O Imperador que bebe nosso sangue está na ruína! (*O HOMEM 3 cobre o rosto com as mãos.*)

HOMEM 1. (*Ao DIRETOR.*) É esse, você já o conhece? Esse é o valente que no café e no livro vai enrolando as nossas veias nas longas espinhas de peixe. Esse é o homem que ama o Imperador em solidão e o procura nos botequins dos portos. Henrique, olha bem seus olhos. Olha que pequenos cachos de uvas descem por seus ombros. A mim ele não engana. Mas agora eu vou matar o Imperador. Sem punhal, com estas mãos frágeis que causam inveja a todas as mulheres.

DIRETOR. Não, é ele que vai! Espera um pouco. (*O HOMEM 3 se senta em uma cadeira e chora.*)

HOMEM 3. Não poderia estrear meu pijama de nuvens. Ai! Vocês não sabem que eu descobri uma bebida maravilhosa que somente alguns negros de Honduras conhecem.

DIRETOR. É em um pântano podre onde devemos estar e não aqui. Sob o lodo onde se decompõem as rãs mortas.

HOMEM 2. (*Abraçando o HOMEM 1.*) Gonçalo, por que você o ama tanto?

HOMEM 1. (*Ao DIRETOR.*) Vou te trazer a cabeça do Imperador!

DIRETOR. Será o melhor presente para Helena.

HOMEM 2. Fica, Gonçalo, e deixa que eu lave teus pés.[8]

HOMEM 1. A cabeça do Imperador queima os corpos de todas as mulheres.

DIRETOR. (*Ao HOMEM 1.*) Mas você não sabe que Helena pode polir suas mãos dentro do fósforo e a cal viva. Sai daqui com este punhal! Helena, Helena, amor meu!

HOMEM 3. Amor meu de sempre! Ninguém pronuncie aqui o nome de Helena.

DIRETOR. (*Tremendo.*) Ninguém pronuncie o seu nome. Será melhor que serenemos os ânimos. Esquecendo o teatro será possível. Ninguém pronuncie o seu nome.

HOMEM 1. Helena.

DIRETOR. (*Ao HOMEM 1.*) Quieto! Logo estarei esperando atrás dos muros do grande armazém. Quieto.

HOMEM 1. Prefiro acabar de uma vez. Helena! (*Começa a sair de cena.*)

DIRETOR. Escuta, e se eu me transformasse em uma pequena gardênia?

HOMEM 2. (*Ao HOMEM 1.*) Vamos! Não deixe que te engane! Eu te acompanho até a ruína.

---

[8] Refere-se à passagem da Bíblia em que Jesus lavou os pés dos discípulos para demonstrar humildade.

DIRETOR. (*Abraçando o HOMEM 1.*) Me transformaria em uma pílula de anis, uma pílula onde estariam espremidos os juncos de todos os rios, e você seria uma grande montanha chinesa coberta de vivas harpas diminutas.

HOMEM 1. (*Semicerrando os olhos.*) Não, não. Eu então não seria uma montanha chinesa. Eu seria um odre de vinho antigo que enche de sanguessugas a garganta.

(*Lutam.*)

HOMEM 3. Teremos que separá-los.

HOMEM 2. Para que não se devorem.

HOMEM 3. Apesar de que eu encontraria a minha liberdade. (*O DIRETOR e o HOMEM 1 lutam silenciosamente.*)

HOMEM 2. Mas eu encontraria minha morte.

HOMEM 3. Se eu tenho um escravo...

HOMEM 2. É porque eu sou um escravo.

HOMEM 3. Porém, escravos os dois, de modo diferente, podemos romper as correntes.

HOMEM 1. Chamarei Helena!

DIRETOR. Chamarei Helena!

HOMEM 1. Não, por favor!

DIRETOR. Não, não chama. Eu me transformarei no que você desejar. (*Desaparecem pela direita lutando.*)

HOMEM 3. Podemos empurrá-los e cairão no poço. Assim, você e eu ficaremos livres.

HOMEM 2. Você, livre. Eu, mais escravo ainda.

HOMEM 3. Não importa. Eu empurro. Estou querendo viver em minha terra verde, ser pastor, beber água da rocha.

HOMEM 2. Você se esquece de que sou forte quando quero. Eu era um menino e já tangia os bois de meu pai. Ainda que meus ossos estejam cobertos de pequeninas orquídeas, tenho uma camada de músculos que utilizo quando quero.

HOMEM 3. (*Suave.*) É muito melhor para eles e para nós. Vamos! O poço é profundo.

HOMEM 2. Não te deixarei!

(*Lutam. O HOMEM 2 empurra o HOMEM 3 e desaparecem pelo lado oposto. O muro se abre e aparece o sepulcro de JULIETA em Verona. Cenário realista. Roseiras e heras. Lua. JULIETA está estendida no sepulcro. Vestida com uma roupa branca de ópera. Deixa expostos seus dois seios de celuloide rosado.*)

JULIETA. (*Saltando do sepulcro.*) Por favor. Não esbarrei com uma amiga em nenhum momento, apesar de ter cruzado mais de três mil arcos vazios. Um pouco de ajuda, por favor. Um pouco de ajuda, por favor. Um pouco de ajuda e um mar de sonho.

(*Canta.*)

Um mar de sonho.
Um mar de terra branca
e os arcos vazios pelo céu.
Minha cauda pelos mares, pelas algas.
Minha cauda pelo tempo.

Um mar de tempo.
Praia dos vermes lenhadores
e delfim de cristal pelas cerejeiras.
Oh puro amianto de final! Oh ruína!
Oh solidão sem arco! Mar de sonho!

(*Um tumulto de espadas e vozes surge no fundo do palco.*)

JULIETA. Cada vez mais gente. Acabarão invadindo meu sepulcro e ocupando meu próprio leito. Não me importam as discussões sobre o amor nem o teatro. O que eu quero é amar.

CAVALO BRANCO 1. (*Aparecendo. Traz uma espada na mão.*) Amar!

JULIETA. Sim. Com um amor que dura só um momento.

CAVALO BRANCO 1. Esperei por você no jardim.

JULIETA. Você quer dizer no sepulcro.

CAVALO BRANCO 1. Você continua tão louca como sempre, Julieta. Quando você poderá perceber a perfeição de um dia? Um dia com manhã e com tarde.

JULIETA. E com noite.

CAVALO BRANCO 1. A noite não é o dia. E num dia você conseguirá se livrar da angústia e afugentar as impassíveis paredes de mármore.

JULIETA. Como?

CAVALO BRANCO 1. Monta na minha garupa.

JULIETA. Para quê?

CAVALO BRANCO 1. (*Aproximando-se.*) Para levar você.

JULIETA. Aonde?

CAVALO BRANCO 1. Para a escuridão. Na escuridão existem capins macios. O cemitério das asas tem mil superfícies de espessura.

JULIETA. (*Tremendo.*) E o que você me dará ali?

CAVALO BRANCO 1. Te darei o mais silencioso da escuridão.

JULIETA. O dia?

CAVALO BRANCO 1. O musgo sem luz. O tato que devora pequenos mundos com as gemas dos dedos.

JULIETA. Era você quem ia me ensinar a perfeição de um dia?

CAVALO BRANCO 1. Para te levar à noite.

JULIETA. (*Furiosa.*) E o que eu tenho que ver com a noite, cavalo idiota? O que eu tenho a aprender com as suas nuvens ou com os seus bêbados? Eu precisaria usar veneno de rato para me livrar de gente incômoda. Mas eu não quero matar as ratazanas. Elas trazem para mim pequenos pianos e pequenos pincéis de laca.

CAVALO BRANCO 1. Julieta, a noite não é um momento, mas um momento pode durar toda a noite.

JULIETA. (*Chorando.*) Basta. Não quero te ouvir mais. Para que você quer me levar? É o engano a palavra do amor, o espelho quebrado, o andar sobre a água. Depois você me deixaria no sepulcro outra vez, como todos fazem tratando de convencer aos que escutam de que o verdadeiro amor é impossível. Já estou cansada e me levanto para pedir ajuda para expulsar do meu sepulcro os que teorizam sobre o meu coração e os que me abrem a boca com pequenas pinças de mármore.

CAVALO BRANCO 1. O dia é um fantasma que se senta.

JULIETA. Mas eu conheci mulheres mortas pelo sol.

CAVALO BRANCO 1. É preciso compreender bem um só dia para amar todas as noites.

JULIETA. Como todos! Como todos! Como os homens, como as árvores, como os cavalos. Tudo o que você quer me ensinar eu conheço perfeitamente. A lua empurra suavemente as casas desabitadas, provoca a queda das colunas e oferece aos vermes diminutas tochas para entrar no interior das cerejas. A lua leva às alcovas as máscaras da meningite, enche de água fria os ventres das grávidas e assim que me descuido, atira punhados de capim sobre meus ombros. Não me olhe, cavalo, com esse desejo que tão bem conheço. Quando era muito pequena eu via em Verona as bonitas vacas pastando nos prados. Depois as via pintadas em meus livros, mas sempre me lembrava delas ao passar pelos açougues.

CAVALO BRANCO 1. Amor que dura apenas um momento.

JULIETA. Sim, um minuto, e Julieta, viva, alegríssima, livre do agudo enxame de lupas. Julieta no começo, Julieta à margem da cidade.

(*O tumulto de vozes e espadas volta a surgir no fundo do palco.*)

CAVALO BRANCO 1.
Amor. Amar. Amor.
Amor de caracol, col, col, col,
que põe os chifres ao sol.
Amar. Amor. Amar.
Do cavalo que lambe
a bola de sal.

(*Dança.*)

JULIETA. Ontem eram quarenta e eu estava dormindo. Vinham as aranhas, vinham as meninas e a jovem violentada pelo cachorro cobrindo-se com os gerânios, mas eu continuava tranquila. Quando as ninfas falam do queijo, este pode ser de leite de sereias ou de trevo. Mas agora são quatro, são quatro rapazes os que quiseram pôr em mim um pequeno falinho e estavam decididos a pintar em mim um bigode de tinta.

CAVALO BRANCO 1.
Amor. Amar. Amor.
Amor de Cnido com o bode
e da mula com o caracol, col, col, col,
que põe os chifres ao sol.
Amar. Amor. Amar.
De Júpiter no estábulo com o pavão real
e o cavalo que relincha dentro da catedral.

JULIETA. Quatro rapazes, Cavalo. Fazia muito tempo que sentia o ruído da brincadeira, mas não despertei até que brilharam os punhais.

(*Aparece o CAVALO NEGRO.*[9] *Leva um penacho de plumas da mesma cor e uma roda na mão.*).

CAVALO NEGRO. Quatro rapazes? O mundo todo. Uma terra de asfódelos[10] e outra terra de sementes. Os mortos continuam discutindo e os vivos utilizam o bisturi. O mundo todo.

CAVALO BRANCO 1. Às margens do Mar Morto nascem umas belas maçãs de cinza, mas a cinza é boa.

---

[9] O Cavalo negro tem características que correspondem aos corcéis de carroças que transportavam os mortos; eram chamados de corcéis da morte.
10 Planta liliácea, hermafrodita. Oriundas do sul e centro da Europa.

CAVALO NEGRO. Oh frescor! Oh polpa! Oh orvalho! Eu como cinza.

JULIETA. Não. A cinza não é boa. Quem fala de cinza?

CAVALO BRANCO 1. Não falo de cinza. Falo da cinza que tem forma de maçã.

CAVALO NEGRO. Forma! Forma! Ânsia do sangue.

JULIETA. Tumulto.

CAVALO NEGRO. Ânsia do sangue e tédio da roda.

(*Aparecem OS TRÊS CAVALOS BRANCOS. Trazem longas bengalas de laca negra.*).

OS TRÊS CAVALOS BRANCOS. Forma e cinza. Cinza e forma. Espelho. E quem puder acabar que coloque um pão de ouro.

JULIETA. (*Retorcendo as mãos.*) Forma e cinza.

CAVALO NEGRO. Sim. Vocês já sabem como degolo bem as pombas. Quando se diz rocha eu entendo ar. Quando se diz ar eu entendo vazio. Quando se diz vazio eu entendo pomba degolada.

CAVALO BRANCO 1.
Amor. Amar. Amor.
da lua com a casca,
da gema com a lua
e a nuvem com a casca.

OS TRÊS CAVALOS BRANCOS. (*Batendo no chão com suas bengalas.*)

Amor. Amar. Amor.
Do esterco com o sol,
do sol com a vaca morta
e o escaravelho com o sol.

CAVALO NEGRO. Por muito que vocês movam as bengalas, as coisas não acontecerão senão como têm que acontecer. Malditos! Escandalosos! Por culpa de vocês, hei de percorrer o bosque, várias vezes na semana, à procura de resina, para tampar e restaurar o silêncio que me pertence. (*Persuasivo*). Vai, Julieta. Coloquei lençóis de linho. Agora começará a cair uma chuva fina coroada de heras que molhará os céus e as paredes.

OS TRÊS CAVALOS BRANCOS. Temos três bengalas pretas.

CAVALO BRANCO 1. E uma espada.

OS TRÊS CAVALOS BRANCOS. (*À JULIETA*.) Hemos de passar pelo teu ventre para encontrar a ressurreição dos cavalos.

CAVALO NEGRO. Julieta, são três da madrugada; se você se descuidar, as pessoas fecharão a porta e você não poderá passar.

OS TRÊS CAVALOS BRANCOS. Resta o prado e o horizonte de montanhas.

CAVALO NEGRO. Julieta, não dê ouvidos a eles. No prado está o camponês que devora o ranho, o enorme pé que esmaga o ratinho, e o exército de minhocas que molha de babas a erva daninha.

CAVALO BRANCO 1. Ainda lhe restam os peitinhos duros e, além disso, já inventaram a cama para dormir com os cavalos.

OS TRÊS CAVALOS BRANCOS. (*Agitando as bengalas.*) E queremos nos deitar.

CAVALO BRANCO 1. Com Julieta. Eu estava no sepulcro a última noite e sei tudo o que aconteceu.

OS TRÊS CAVALOS BRANCOS. (*Furiosos.*) Queremos nos deitar!

CAVALO BRANCO 1. Porque somos cavalos verdadeiros, cavalos de carruagem que quebramos com os nossos paus a madeira dos presépios e as janelas do estábulo.

OS TRÊS CAVALOS BRANCOS. Fica nua, Julieta, e deixa ao ar suas ancas para o açoite de nossas caudas. Queremos ressuscitar! (*JULIETA procura refúgio no CAVALO NEGRO.*)

CAVALO NEGRO. Louca, mais que louca!

JULIETA. (*Recompondo-se.*) Não tenho medo de vocês. Querem se deitar comigo? Não é? Pois agora sou eu que quero me deitar com vocês, mas eu mando, eu dirijo, eu os monto, eu corto suas crinas com minha tesoura.

CAVALO NEGRO. Quem passa através de quem? Oh amor, amor, você que tem que passar tua luz pelos calores escuros! Oh mar apoiado na penumbra e flor no cu do morto!

JULIETA. (*Enérgica.*) Eu não sou uma escrava para que me espetem punções de âmbar nos seios, nem um oráculo para os que tremem de amor à saída das cidades. Todo meu sonho foi com o cheiro da figueira e a cintura do que corta as espigas. Ninguém através de mim! Eu através de vocês!

CAVALO NEGRO. Dorme, dorme, dorme.

OS TRÊS CAVALOS BRANCOS. (*Empunham as bengalas e pela ponta destas saltam três jorros de água.*) Urinamos em você, urinamos em você. Urinamos em você como urinamos nas éguas, como a cabra urina no focinho do macho e o céu urina nas magnólias para deixá-las como couro.

CAVALO NEGRO. (À JULIETA.) Vai para o teu lugar. Que ninguém passe através de você.

JULIETA. Terei que me calar então? Um menino recém-nascido é bonito.

OS TRÊS CAVALOS BRANCOS. É bonito. E arrastaria sua cauda por todo o céu.

(*Aparece pela direita o HOMEM 1 com o DIRETOR. O DIRETOR vem como no primeiro ato, transformado em ARLEQUIM branco.*)

HOMEM 1. Basta, senhores!

DIRETOR. Teatro ao ar livre!

CAVALO BRANCO 1. Não. Agora inauguramos o verdadeiro teatro. O teatro debaixo da arena.

CAVALO NEGRO. Para que se saiba a verdade das sepulturas.

OS TRÊS CAVALOS BRANCOS. Sepulturas com anúncios, com refletores a gás e longas filas de poltronas.

HOMEM 1. Sim! Já demos o primeiro passo. Mas eu sei positivamente que três de vocês se ocultam, que três de vocês nadam ainda na superfície. (*Os TRÊS CAVALOS BRANCOS se agrupam inquietos.*) Acostumados ao chicote dos cocheiros e aos alicates dos ferreiros, vocês têm medo da verdade.

CAVALO NEGRO. Quando tiverem tirado o último traje de sangue, a verdade será uma urtiga, um caranguejo devorado, ou um pedaço de couro atrás dos cristais.

HOMEM 1. Devem desaparecer imediatamente deste lugar. Eles têm medo do público. Eu sei a verdade, eu sei que não procuram Julieta e ocultam um desejo que me fere e que leio em seus olhos.

CAVALO NEGRO. Não um desejo, todos os desejos. Como você.

HOMEM 1. Eu não tenho mais que um desejo.

CAVALO BRANCO 1. Como os cavalos, ninguém esquece sua máscara.

HOMEM 1. Eu não tenho máscara.

DIRETOR. Não existe mais que máscara. Eu tinha razão, Gonçalo. Se enganarmos a máscara, esta nos pendurará numa árvore como fez com o rapaz da América.

JULIETA (*Chorando.*) Máscara!

CAVALO BRANCO 1. Forma.

DIRETOR. No meio da rua, a máscara fecha nossos botões e evita o rubor imprudente que, às vezes, surge nas bochechas. No quarto, quando enfiamos os dedos no nariz, ou exploramos delicadamente o traseiro, o gesso da máscara oprime de tal forma nossa carne que mal podemos nos deitar no leito.

HOMEM 1. (*Ao DIRETOR.*) Minha luta foi com a máscara até eu conseguir te ver nu. (*O abraça.*)

CAVALO BRANCO 1. (*Zombador.*) Um lago é uma superfície.

HOMEM 1. (*Irritado.*) Ou um volume!

CAVALO BRANCO 1. (*Rindo.*). Um volume são mil superfícies.

DIRETOR. (*Ao HOMEM 1.*) Não me abrace, Gonçalo. Teu amor vive somente na presença de testemunhas. Já não me beijou o bastante na ruína? Desprezo tua elegância e teu teatro. (*Lutam.*)

HOMEM 1. Te amo diante dos outros porque abomino a máscara e porque já consegui arrancá-la de você.

DIRETOR. Por que sou tão fraco?

HOMEM 1. (*Lutando.*) Te amo.

DIRETOR. (*Lutando.*) Cuspo em você.

JULIETA. Estão lutando!

CAVALO NEGRO. Se amam.

OS TRÊS CAVALOS BRANCOS.
Amor, amor, amor.
Amor do um com o dois
e amor do três que se afoga
por ser um entre os dois.

HOMEM 1. Despirei teu esqueleto.

DIRETOR. Meu esqueleto tem sete luzes.

HOMEM 1. Fáceis para minhas sete mãos.

DIRETOR. Meu esqueleto tem sete sombras.

OS TRÊS CAVALOS BRANCOS. Larga dele, larga dele.

CAVALO BRANCO 1. (Ao HOMEM 1.) Ordeno que largue dele.

(*Os CAVALOS separam o HOMEM 1 e o DIRETOR.*).

DIRETOR. (*Muito alegre e abraçando o CAVALO BRANCO 1.*) Escravo do leão, posso ser amigo do cavalo.

CAVALO BRANCO 1. (*Abraçando-o.*) Amor.

DIRETOR. Enfiarei as mãos nas grandes sacolas para jogar na lama as moedas e as somas cheias de migalhas de pão.

JULIETA. (*Ao CAVALO NEGRO.*) Por favor!

CAVALO NEGRO. (*Inquieto.*) Espera.

HOMEM 1. Ainda não chegou a hora dos cavalos levarem um nu que eu fiz ficar branco à força de lágrimas.

(*Os TRÊS CAVALOS BRANCOS detêm o HOMEM 1.*)

HOMEM 1. (*Enérgico.*) Henrique!

DIRETOR. Henrique? Eis aqui Henrique. (*Tira rapidamente o traje e o atira atrás de uma coluna. Por baixo veste um sutil traje de bailarina. Por trás da coluna aparece o traje de Henrique. Esta personagem é o mesmo ARLEQUIM branco com uma máscara de cor amarelo pálido.*).

O TRAJE DE ARLEQUIM. Tenho frio. Luz elétrica. Pão. Estavam queimando borracha. (*Fica rígido.*)

DIRETOR. (*Ao HOMEM 1.*) Você não virá agora comigo. Com a Guilhermina dos cavalos!

CAVALO BRANCO 1. Lua e raposa, e garrafa dos botequins.

DIRETOR. Vocês passarão, e os barcos, e os regimentos e, se quiserem as cegonhas, podem passar também. Sou larga!

OS TRÊS CAVALOS BRANCOS. Guilhermina!

DIRETOR. Guilhermina não. Eu não sou Guilhermina. Eu sou a Dominga dos negrinhos. (*Arranca os véus e aparece vestido com um maiô coberto de pequenos guisos. Joga os véus atrás da coluna e aparece seguido dos CAVALOS. Então aparece a personagem TRAJE DE BAILARINA.*)

O TRAJE DE BAILARINA. Gui - guilher - guilhermi - Guilhermina. Na - nami - namilher - namilhergui. Me deixem entrar ou me deixem sair. (*Cai no chão adormecida.*).

HOMEM 1. Henrique, cuidado com as escadas!

DIRETOR. (*Fora.*) Lua e raposa dos marinheiros bêbados.

JULIETA. (*Ao CAVALO NEGRO.*) Me dá o remédio para dormir.

CAVALO NEGRO. Areia.

HOMEM 1. (*Gritando.*) Em peixe-lua, somente desejo que você seja um peixe-lua! Que você se transforme em peixe-lua! (*Sai pela porta de trás violentamente.*)

O TRAJE DE ARLEQUIM. Henrique. Luz elétrica. Pão. Estavam queimando borracha.

(*Aparecem pela esquerda o HOMEM 3 e o HOMEM 2. O HOMEM 2 é a mulher de pijama preto e as papoulas do quadro um. O HOMEM 3, sem transformar-se.*)

HOMEM 2. Me ama tanto que se nos vê juntos seria capaz de nos matar. Vamos. Agora eu te servirei para sempre.

HOMEM 3. Tua beleza era linda por baixo das colunas.

JULIETA. (*Para a dupla.*) Vamos fechar a porta.

HOMEM 2. A porta do teatro não fecha nunca.

JULIETA. Chove muito, minha amiga.

(*Começa a chover. O HOMEM 3 tira do bolso uma máscara de ardente expressão e cobre o rosto.*)

HOMEM 3. (*Galante.*) E não poderia ficar para dormir neste lugar?

JULIETA. Para quê?

HOMEM 3. Para me satisfazer. (*Fala com ela.*)

HOMEM 2. (*Ao CAVALO NEGRO.*) Você viu sair um homem com barba negra, moreno, com sapatos de verniz que chiavam um pouco?

CAVALO NEGRO. Não vi.

HOMEM 3. (*À JULIETA.*) E quem melhor que eu para te defender?

JULIETA. E quem mais digna de amor que tua amiga?

HOMEM 3. Minha amiga? (*Furioso.*) Sempre perco por sua culpa! Esta não é minha amiga. Esta é uma máscara, uma vassoura, um cachorro fraco acostumado ao sofá.

(*Tira roupa dele violentamente, tira o pijama, a peruca e aparece o HOMEM 2, sem barba, com o traje do primeiro quadro.*)

HOMEM 2. Por caridade!

HOMEM 3. (*À JULIETA.*) Mantinha-o disfarçado para defender dos bandidos. Beija a minha mão, beija a mão do seu protetor.

(*Aparece o TRAJE DE PIJAMA com as papoulas. A cara desta personagem é branca, lisa e curva como um ovo de avestruz. O HOMEM 3 empurra o HOMEM 2 e os faz desaparecer pela direita.*)

HOMEM 2. Por caridade!
(*O TRAJE senta-se nas escadas e golpeia lentamente sua cara lisa com as mãos, até o final.*)

HOMEM 3. (*Tira do bolso uma grande capa vermelha que põe sobre seus ombros enlaçando JULIETA.*) "Olha, meu amor, que raios invejosos de luz separam as nuvens no Oriente longínquo... Os círios da noite já se queimaram e o jovial dia está, de pontas de pés, no brumoso cimo das montanhas".[11] O vento quebra os ramos do cipreste...

JULIETA. Não é assim!

HOMEM 3. ... E visita na Índia a todas as mulheres que têm as mãos de água.

CAVALO NEGRO. (*Agitando a roda.*) E vai se fechar!

JULIETA. Chove muito!

HOMEM 3. Espera, espera. Agora canta o rouxinol![12]

---

[11] Citação de *Romeu e Julieta*, de Shakespeare, Ato III, cena V. Tradução de F. Carlos de Almeida Cunha Medeiros e Oscar Mendes, Martin Claret. Na edição, a qual tomamos como base para a tradução, foi acrescentado um verso que nas edições anteriores nao existia. O editor justifica que "existem certos ecos daquelas albas medievais nas quais os amantes, ao amanhecer, deviam se separar".
[12] Na edição de Trigueiros foi suprimido: JULIETA. *Chove muito! / HOMEM 3. Espera, espera. Agora canta o rouxinol*. Mantivemos o diálogo por acreditar que tenha sido uma falha na edição.

JULIETA. (*Tremendo.*) O rouxinol, meu Deus! O rouxinol!

CAVALO NEGRO. Não tenha medo! (*A toma nos braços rapidamente e a deita no sepulcro.*)

JULIETA. (*Dormindo.*) O rouxinol!

CAVALO NEGRO. (*Saindo.*) Amanhã voltarei com a areia.

JULIETA. Amanhã.

HOMEM 3. (*Junto ao sepulcro.*) Meu amor, volte! O vento quer as folhas dos bordos. O que fez? (*As abraça.*)

VOZ FORA. Henrique!

O TRAJE DE ARLEQUIM. Henrique.

O TRAJE DE BAILARINA. Guilhermina. Acaba logo com isso! (*Chora.*)

HOMEM 3. Espera, espera. Agora canta o rouxinol. (*Ouve-se a buzina de um barco. O HOMEM 3 deixa a máscara sobre o rosto de JULIETA e cobre o corpo dela com a capa vermelha.*) Chove muito. (*Abre um guarda-chuva e sai em silêncio na ponta dos pés.*)

HOMEM 1. (*Entrando.*) Henrique, como você voltou?

O TRAJE DE ARLEQUIM. Henrique, como você voltou?

HOMEM 1. Por que você zomba de mim?

O TRAJE DE ARLEQUIM. Por que você zomba de mim?

HOMEM 1. (*Abraçando o TRAJE.*) Você tinha que voltar para mim, para meu amor inesgotável, depois de ter vencido o capim e os cavalos.

O TRAJE DE ARLEQUIM. Os cavalos!

HOMEM 1. Diz, diz que voltou por mim!

O TRAJE DE ARLEQUIM. (*Com voz fraca.*) Tenho frio. Luz elétrica. Pão. Estavam queimando borracha.

HOMEM 1. (*Abraçando o TRAJE com violência.*) Henrique!

O TRAJE DE ARLEQUIM. (*Com voz cada vez mais fraca.*) Henrique.

O TRAJE DE BAILARINA. (*Com voz tênue.*) Guilhermina.

HOMEM 1. (*Jogando o TRAJE no chão e subindo pelas escadas.*) Henriqueee!

O TRAJE DE ARLEQUIM. (*No chão*). Henriqueeeee.

(*A figura com o rosto de ovo se estapeia incessantemente. Sobre o ruído da chuva canta o verdadeiro rouxinol.*)

(*Pano.*)

QUINTO QUADRO

(*No centro do palco, uma cama de frente e perpendicular, como se fosse pintada por um primitivo, onde há um NU VELHO[13] coroado de espinhos azuis. Ao fundo, arcos e escadas que conduzem aos camarotes de um grande teatro. À direita, a fachada de uma universidade. Ao abrirem-se as cortinas, ouve-se uma salva de palmas.*)

NU. Quando vai acabar?

ENFERMEIRO[14]. (*Entrando rapidamente.*) Quando acabar o tumulto.

NU. O que pedem?

ENFERMEIRO. Pedem a morte do Diretor.

NU. E o que falam de mim?

ENFERMEIRO. Nada.

NU. E de Gonçalo? Alguém sabe alguma coisa?

---

[13] Em outras edições aparece "Desnudo rojo" (Nu vermelho), mas na edição de Luis Trigueros-Ramos Y López prefere utilizar como foi publicado na Revista *Los Cuatro Vientos*, pois foi a última revisão feita por García Lorca.

[14] Também encontramos esta personagem na obra *Orfeu*, de Cocteau, com a mesma função: a de ajudante da morte.

ENFERMEIRO. Estão procurando por ele na ruína.

NU. Eu quero morrer. Quantos copos de sangue terão tirado de mim?

ENFERMEIRO. Cinquenta. Agora te darei o fel, e depois, às oito, virei com o bisturi para aprofundar a chaga que você tem no flanco.

NU. É a que tem mais vitaminas.

ENFERMEIRO. Sim.

NU. Deixaram as pessoas saírem debaixo da arena?

ENFERMEIRO. Ao contrário. Os soldados e os engenheiros estão fechando todas as saídas.

NU. Quanto falta para Jerusalém?

ENFERMEIRO. Três estações, se houver bastante carvão.[15]

NU. Pai, afasta de mim esse cálice de amargura.

ENFERMEIRO. Cale-se.[16] Este já é o terceiro termômetro que você quebra.

(*Aparecem os ESTUDANTES. Vestidos com mantos negros e becas vermelhas.*)

ESTUDANTE 1. Por que não limamos os ferros?

---

[15] Referência à representação simbólica de Cristo. Há uma desconstrução do texto bíblico, já que provoca uma inversão da ordem cronológica dos fatos narrados. A menção às estações remete ao calvário de Cristo, que é anterior à sua crucificação e ao aparecimento das feridas.
[16] Para se aproximar da oralidade optou-se pela forma em segunda pessoa.

ESTUDANTE 2. O beco está cheio de gente armada e é difícil fugir por ali.

ESTUDANTE 3. E os cavalos?

ESTUDANTE 5. Os cavalos conseguiram escapar quebrando o teto do palco.

ESTUDANTE 4. Quando eu estava trancado na torre os vi subir, agrupados, pela colina. Iam com o Diretor.

ESTUDANTE 1. O teatro não tem fosso?

ESTUDANTE 2. Mas até os fossos estão abarrotados de público. É melhor esperar. (*Ouve-se uma salva de palmas. O ENFERMEIRO levanta o NU e ajeita os seus travesseiros.*)

NU. Estou com sede.

ENFERMEIRO. Já mandamos alguém ao teatro buscar água.

ESTUDANTE 4. A primeira bomba da revolução varreu a cabeça do professor de retórica.

ESTUDANTE 2. Para a alegria da sua mulher, que agora trabalhará tanto que terá que pôr duas torneiras nas tetas.

ESTUDANTE 3. Dizem que toda noite um cavalo subia com ela até o terraço.

ESTUDANTE 1. Foi justamente ela quem viu, por uma claraboia do teatro, tudo o que acontecia e deu o alarme.

ESTUDANTE 4. E ainda que os poetas tenham posto uma escada para assassinar a mulher, ela continuou gritando e uma multidão se aproximou.

ESTUDANTE 2. Como ela se chama?

ESTUDANTE 3. Se chama Helena.

ESTUDANTE 1. (À parte.) Selene.[17]

ESTUDANTE 2. (*Ao ESTUDANTE 1.*) O que você tem?

ESTUDANTE 1. Tenho medo de sair ao ar livre.

(*Pelas escadas descem os dois LADRÕES. Várias DAMAS com vestidos de noite saem precipitadamente dos camarotes. Os ESTUDANTES discutem.*)

DAMA 1. Será que os carros ainda estão na porta?

DAMA 2. Que horror!

DAMA 3. Encontraram o Diretor dentro do sepulcro.

DAMA 1. E Romeu?

DAMA 4. Estavam tirando a sua roupa quando saímos.

RAPAZ 1. O público quer que o poeta seja arrastado pelos cavalos.

DAMA 1. Mas por quê? Era um drama delicioso, e a revolução não tem o direito de profanar as tumbas.

DAMA 2. As vozes estavam vivas e suas aparências também. Que necessidade tínhamos de lamber os esqueletos?

---

[17] Personificação da Lua na mitologia grega, é conhecida como uma deusa sanguinária que gostava de sacrifícios humanos.

RAPAZ 1. Você tem razão. O ato do sepulcro estava extraordinariamente desenvolvido. Mas eu descobri a mentira quando vi os pés de Julieta. Eram muito pequenos.

DAMA 2. Delicioso! O senhor não vai querer pôr defeito neles.

RAPAZ 1. Sim, mas eram pequenos demais para serem pés de mulher. Eram femininos demais. Eram pés de homem, pés inventados por um homem.

DAMA 2. Que horror!

(*Do teatro chegam murmúrios e ruídos de espadas.*)

DAMA 3. Não poderemos sair?

RAPAZ 1. Neste momento a revolução chega à catedral. Vamos pela escada. (*Saem.*)

ESTUDANTE 4. O tumulto começou quando viram que Romeu e Julieta se amavam de verdade.

ESTUDANTE 2. Muito pelo contrário. O tumulto começou quando perceberam que não se amavam, que não podiam se amar nunca.

ESTUDANTE 4. O público tem sagacidade para descobrir tudo e por isso protestou.

ESTUDANTE 2. Justamente por isso. Os esqueletos se amavam e estavam amarelos de chama, mas os trajes não se amavam, e o público viu várias vezes o traseiro de Julieta coberto de pequenos sapinhos de asco.

ESTUDANTE 4. As pessoas se esquecem dos trajes nas apresentações, e a revolução estourou quando encontraram a verdadeira

Julieta amordaçada debaixo das cadeiras e coberta de panos para que não gritasse.

ESTUDANTE 1. Aí está o grande equívoco de todos e por isso o teatro agoniza: o público não deve atravessar as sedas e os papelões que o poeta levanta em seu quarto. Romeu pode ser uma ave e Julieta pode ser uma pedra. Romeu pode ser um grão de sal e Julieta pode ser um mapa. O que importa isso ao público?

ESTUDANTE 4. Nada. Mas uma ave não pode ser um gato, nem uma pedra pode ser uma ressaca do mar.

ESTUDANTE 2. É questão de forma, de máscara. Um gato pode ser uma rã, e a lua de inverno pode ser muito bem um feixe de lenha, coberto de vermes congelados. O público deverá adormecer na palavra, e não deverá ver através da coluna as ovelhas que balem e as nuvens que passam pelo céu.

ESTUDANTE 4. Por isso estourou a revolução. O Diretor abriu os alçapões e as pessoas puderam ver como o veneno das veias falsas havia causado a morte verdadeira de muitas crianças. Não são as formas disfarçadas que engrandecem a vida, mas o cabelo de barômetro que possuem atrás.

ESTUDANTE 2. Em último caso, será que Romeu e Julieta têm que ser necessariamente um homem e uma mulher para que a cena do sepulcro aconteça de maneira viva e dilaceradora?

ESTUDANTE 1. Não necessariamente, e foi isso que o Diretor quis demonstrar com genialidade.

ESTUDANTE 4. Como que não é necessário? Então que se parem as máquinas e que se joguem os grãos de trigo sobre um campo de aço.

ESTUDANTE 2. E o que aconteceria? Aconteceria que viriam os fungos, e as pulsações se tornariam quem sabe mais intensas e apaixonantes. O que acontece é que se sabe o que alimenta um grão de trigo e se ignora o que alimenta um fungo.

ESTUDANTE 5. (*Saindo dos camarotes.*) Chegou o juiz e, antes do assassinato, vão fazê-los com que repitam a cena do sepulcro.

ESTUDANTE 4. Vamos. Vai ver como eu tenho razão.

ESTUDANTE 2. Sim. Vamos ver a última Julieta verdadeiramente feminina que se verá no teatro. (*Saem rapidamente.*)

NU. Pai, perdoa-lhes, que não sabem o que fazem a si mesmos.

ENFERMEIRO. (*Aos LADRÕES.*) Por que chegaram a esta hora?

OS LADRÕES. O contrarregra se enganou.

ENFERMEIRO. Aplicaram as injeções em vocês?

OS LADRÕES. Sim.

(*Os LADRÕES sentam-se aos pés da cama com uns círios acesos. A cena fica na penumbra. Aparece o CONTRARREGRA.*)

ENFERMEIRO. Isso são horas de avisar?

CONTRARREGRA. Por favor, me perdoe, mas a barba de José de Arimatéia tinha desaparecido.

ENFERMEIRO. A sala de cirurgia está preparada?

CONTRARREGRA. Faltam somente os castiçais, o cálice e as ampolas de azeite alcanforado.

ENFERMEIRO. Depressa. (*O CONTRARREGRA sai.*)

NU. Falta muito?

ENFERMEIRO. Pouco. Já deram a terceira badalada. Quando o Imperador se disfarçar de Pôncio Pilatos.

RAPAZ 1. (*Aparece com as DAMAS.*) Por favor! Não se deixem dominar pelo pânico.

DAMA 1. É horrível se perder num teatro e não encontrar a saída.

DAMA 2. O que mais medo me deu foi o lobo de papelão e as quatro serpentes no tanque de lata.

DAMA 3. Quando subíamos pelo monte da ruína pensamos ter visto a luz da aurora, mas tropeçamos nas cortinas e meus sapatos de cetim estão manchados de petróleo.

DAMA 4. (*Aparecendo nos arcos.*) Estão representando outra vez a cena do sepulcro. Agora com certeza o fogo destruirá as portas, porque agora há pouco quando vi, os guardiões já tinham as mãos chamuscadas e não podiam conter as chamas.

RAPAZ 1. Pelos galhos daquela árvore podemos alcançar um dos balcões e dali pediremos ajuda.

ENFERMEIRO. (*Em voz alta.*) Quando vai começar o toque de agonia?

(*Ouve-se um sino.*)

OS LADRÕES. (*Levantando os círios.*) Santo. Santo. Santo.

NU. Pai, nas tuas mãos encomendo o meu espírito.

ENFERMEIRO. Você está adiantado dois minutos.

NU. É que o rouxinol já cantou.

ENFERMEIRO. É verdade. E as farmácias estão abertas para a agonia.

NU. Para a agonia do homem só, nas plataformas e nos trens.

ENFERMEIRO. (*Olhando o relógio e em voz alta.*) Tragam o lençol. Muito cuidado para que o vento que há de soprar não leve suas perucas. Depressa.

OS LADRÕES. Santo. Santo. Santo.

NU. Tudo se consumou.

(*A cama gira sobre um eixo e o NU desaparece. Do outro lado da cama aparece deitado o HOMEM 1, sempre com fraque e barba negra.*)

HOMEM 1. (*Fechando os olhos.*) Agonia!

(*A luz ganha uma cor prateada de tela de cinema. Os arcos e escadas do fundo aparecem tingidos de uma granulada luz azul. O ENFERMEIRO e os LADRÕES desaparecem dançando sem dar as costas. Os ESTUDANTES saem por baixo de um dos arcos. Carregam pequenas lanternas.*)

ESTUDANTE 4. A atitude do público foi detestável.

ESTUDANTE 1. Detestável. Um espectador nunca deve fazer parte do drama. Quando as pessoas vão ao *aquárium*[18] não assassinam

---

[18] A edição de Luis Trigueros-Ramos y López mantém a palavra em latim como no manuscrito e na *Revista Los Cuatro Vientos*.

as serpentes do mar, nem os ratos d'água, nem os peixes cobertos de lepra, mas passam os olhos sobre os cristais e aprendem.

ESTUDANTE 4. Romeu era um homem de trinta anos e Julieta um rapaz de quinze. A denúncia do público foi eficaz.

ESTUDANTE 2. O Diretor evitou de maneira genial que a massa de espectadores se desse conta disso, mas os Cavalos e a revolução destruíram seus planos.

ESTUDANTE 4. O que é inadmissível é que eles tenham sido assassinados.

ESTUDANTE 1. E que tenham assassinado também a verdadeira Julieta que gemia debaixo das poltronas.

ESTUDANTE 4. Por pura curiosidade, para ver o que tinham dentro.

ESTUDANTE 3. E o que descobriram? Uma porção de feridas e uma desorientação absoluta.

ESTUDANTE 4. A repetição do ato foi maravilhosa, porque sem dúvida se amavam com um amor incalculável, ainda que eu não justifique isso. Quando cantou o rouxinol eu não pude conter minhas lágrimas.

ESTUDANTE 3. Como todo mundo. Mas depois ergueram os punhais e as bengalas porque o texto ao pé da letra era mais forte que eles, e a doutrina quando solta sua cabeleira pode atropelar sem medo as verdades mais inocentes.

ESTUDANTE 5. (*Muito alegre.*) Olhem! Consegui um sapato de Julieta que roubei quando as freiras estavam enrolando seu corpo na mortalha.

ESTUDANTE 4. (*Sério.*) Qual Julieta?

ESTUDANTE 5. Qual Julieta poderia ser? A que estava em cena, a que tinha os pés mais belos do mundo.

ESTUDANTE 4. (*Com assombro.*) Mas você não se deu conta de que a Julieta que estava no sepulcro era um jovem disfarçado, um truque do Diretor, e que a verdadeira Julieta estava amordaçada debaixo dos assentos?

ESTUDANTE 5. (*Caindo na gargalhada.*) Pois eu gosto! Parecia muito bonita, e se era um jovem disfarçado, não me importa. Em compensação, eu não pegaria o sapato daquela moça cheia de pó que gemia como uma gata debaixo das cadeiras.

ESTUDANTE 3. E, no entanto, por isso ela foi assassinada.

ESTUDANTE 5. Porque estão loucos. Mas para mim, que subo duas vezes todos os dias a montanha e vigio, quando terminam meus estudos, um enorme rebanho de touros, com os quais eu tenho que lutar e que devo vencer a cada instante, não sobra tempo para pensar se é homem ou mulher ou criança, mas só para ver que eu gosto com um alegríssimo desejo.

ESTUDANTE 1. Magnífico! E se eu quiser me apaixonar por um crocodilo?

ESTUDANTE 5. Pois se apaixone.

ESTUDANTE 1. E se eu quiser me apaixonar por você?

ESTUDANTE 5. (*Jogando o sapato.*) Pois se apaixone também, eu deixo, e te carrego nos ombros pelos penhascos.

ESTUDANTE 1. E destruímos tudo.

ESTUDANTE 5. Os telhados e as famílias.

ESTUDANTE 1. E onde se falar de amor entraremos com chuteiras atirando lama pelos espelhos.

ESTUDANTE 5. E queimaremos o livro onde os sacerdotes leem a missa.

ESTUDANTE 1. Vamos. Vamos logo!

ESTUDANTE 5. Eu tenho quatrocentos touros. Com as cordas que meu pai torceu, os prenderemos às rochas para que elas se rompam e que apareça um vulcão.

ESTUDANTE 1. Alegria! Alegria dos rapazes e das moças, e das rãs, e dos toquinhos de madeira.

CONTRARREGRA. (*Aparecendo.*) Senhores: aula de geometria descritiva.

(*A cena vai ficando na penumbra. OS ESTUDANTES acendem suas lanternas e entram na universidade.*)

CONTRARREGRA. (*Displicente.*) Não firam os cristais!

ESTUDANTE 5. (*Fugindo pelos arcos com o ESTUDANTE 1.*) Alegria! Alegria! Alegria!

HOMEM 1. Agonia. Solidão do homem no sonho cheio de elevadores e trens onde você vai numa velocidade incrível. Solidão dos edifícios, das esquinas, das praias, onde você nunca mais apareceria.

DAMA 1. (*Pelas escadas.*) Outra vez o mesmo cenário? É horrível!

RAPAZ 1. Alguma porta será a verdadeira!

DAMA 2. Por favor, senhor! Não solte minha mão!

RAPAZ 1. Quando amanhecer nos guiaremos pelas claraboias.

DAMA 3. Começo a sentir frio com esta roupa.

HOMEM 1. (*Com voz fraca.*) Henrique! Henrique!

DAMA 1. O que foi isso?

RAPAZ 1. Calma.

(*O palco está às escuras. A lanterna do RAPAZ 1 ilumina a cara morta do HOMEM 1.*)

(*Pano.*)

SEXTO QUADRO

(*O mesmo cenário do primeiro quadro. À esquerda, uma grande cabeça de cavalo colocada no chão. À direita, um olho enorme e um grupo de árvores com nuvens apoiadas na parede. Entra o DIRETOR com o ILUSIONISTA. Este veste fraque, capa branca de seda que lhe chega aos pés e cartola. O DIRETOR com a mesma roupa do primeiro quadro.*)

DIRETOR. Um ilusionista não pode resolver este assunto, nem um médico, nem um astrônomo, nem ninguém. É muito simples soltar os leões e logo fazer chover enxofre sobre eles. Não continue falando.

ILUSIONISTA. Me parece que o senhor, homem de máscara, não lembra que nós usamos a cortina escura.

DIRETOR. Quando as pessoas estão no céu. Mas me diga, que cortina se pode usar num lugar onde o vento é tão forte que despe as pessoas e até as crianças levam pequenas navalhas para rasgar os panos?

ILUSIONISTA. Naturalmente, a cortina do ilusionista pressupõe uma ordem na escuridão do truque, por isso, por que elegeram uma tragédia tão batida e não fizeram um drama original?

DIRETOR. Para expressar por meio de um exemplo o que acontece todos os dias em todas as grandes cidades e nos campos e que, admitido por todos apesar de sua originalidade, aconteceu somente uma vez. Eu podia ter escolhido o Édipo ou o Otelo. No entanto, se eu tivesse levantado o pano com a verdade original, as poltronas teriam se manchado de sangue desde as primeiras cenas.

ILUSIONISTA. Se tivessem empregado "a flor de Diana", que a angústia de Shakespeare utilizou de maneira irônica em *O sonho de uma Noite de Verão*, é provável que a representação tivesse terminado com sucesso. Se o amor é pura casualidade e Titânia, rainha dos Silfos, se apaixona por um asno, nada de particular teria se, pelo mesmo procedimento, Gonçalo bebesse no *music-hall* com um rapaz vestido de branco sentado em seus joelhos.

DIRETOR. Eu suplico, não continue falando.

ILUSIONISTA. Construam os senhores um arco de arame, uma cortina e uma árvore de folhas frescas, abram e fechem as cortinas a tempo e ninguém se surpreenderá de que a árvore se converta em um ovo de serpente. Mas os senhores o que queriam era assassinar a pomba e deixar no seu lugar um pedaço de mármore cheio de pequenas salivas falantes.

DIRETOR. Era impossível fazer outra coisa. Meus amigos e eu abrimos o túnel debaixo da arena sem que as pessoas da cidade notassem. Recebemos ajuda de muitos operários e estudantes que agora negam ter trabalhado, apesar de terem as mãos cheias de feridas. Quando chegamos ao sepulcro levantamos o pano.

ILUSIONISTA. E que teatro pode sair de um sepulcro?

DIRETOR. Todo teatro sai das umidades confinadas. Todo teatro verdadeiro tem um profundo odor de lua passada. Quando os trajes falam, as pessoas vivas já são botões de osso nas paredes do calvário. Eu fiz o túnel para me apoderar dos trajes e, através deles, ensinar o perfil de uma força oculta quando o público já não tivesse mais remédio senão atender, cheio de espírito e subjugado pela ação.

ILUSIONISTA. Eu transformo sem nenhum esforço um frasco de tinta em uma mão cortada cheia de anéis antigos.

DIRETOR. (*Irritado.*) Mas isso é mentira! Isso é teatro! Se eu passei três dias lutando com as raízes e os golpes de água, foi para destruir o teatro.

ILUSIONISTA. Eu sabia.

DIRETOR. E demonstrar que se Romeu e Julieta agonizam e morrem para despertar sorrindo quando cai o pano, minhas personagens, pelo contrário, queimam a cortina e morrem de verdade na presença dos espectadores. Os cavalos, o mar, o exército das ervas o impediram. Mas algum dia, quando se queimarem todos os teatros, encontrarão nos sofás, atrás dos espelhos e dentro das taças de papelão dourado, a reunião de nossos mortos ali trancados pelo público. É preciso destruir o teatro ou viver no teatro! Não vale vaiar das janelas. E se os cachorros gemem de modo terno é preciso levantar a cortina sem prevenções. Eu conheci um homem que varria seu telhado e limpava claraboias e varandas somente por galanteria com o céu.

ILUSIONISTA. Se você avançar um degrau a mais, o homem vai parecer a você um fiapo de grama.

DIRETOR. Não um fiapo de grama, mas sim um navegante.

ILUSIONISTA. Eu posso transformar um navegante em uma agulha de costurar.

DIRETOR. Isso é exatamente o que se faz no teatro. Por isso eu me atrevi a realizar um dificílimo jogo poético, na espera de que o amor rompesse com ímpeto e desse uma nova forma aos trajes.

ILUSIONISTA. Quando o senhor diz amor, eu me assusto.

DIRETOR. Se assusta do quê?

ILUSIONISTA. Vejo uma paisagem de arena refletida num espelho turvo.

DIRETOR. E o que mais?

ILUSIONISTA. Que não acaba nunca de amanhecer.

DIRETOR. É possível.

ILUSIONISTA. (*Displicente e batendo na cabeça de cavalo com as pontas dos dedos.*) Amor.

DIRETOR. (*Sentando-se na mesa.*) Quando o senhor diz amor, eu me assusto.

ILUSIONISTA. Se assusta do quê?

DIRETOR. Vejo que cada grão de areia se transforma em uma formiga vivíssima.

ILUSIONISTA. E o que mais?

DIRETOR. Que anoitece a cada cinco minutos.

ILUSIONISTA. (*Olhando fixamente.*) É possível. (*Pausa.*) Mas, o que se pode esperar de gente que inaugura o teatro debaixo da arena? Se o senhor abrisse essa porta, isto se encheria de mastins, de loucos, de chuvas, de folhas monstruosas, de ratos de esgoto. Quem nunca pensou que se podem quebrar todas as portas de um drama?

DIRETOR. Quebrar todas as portas é o único modo que o drama tem para se justificar, vendo, pelos seus próprios olhos, que a lei é um muro que se dissolve na mais pequena gota de sangue. Me repugna o moribundo que desenha com o dedo uma porta sobre a parede e adormece tranquilo. O verdadeiro drama é um circo de arcos onde o ar e a lua e as criaturas entram e saem sem ter um lugar onde descansar. Aqui o senhor está pisando num teatro onde foram representados dramas autênticos e onde se manteve um verdadeiro combate que custou a vida de todos os intérpretes. (*Chora.*)

CRIADO. (*Entrando precipitadamente.*) Senhor.

DIRETOR. O que está acontecendo? (*Entra o TRAJE BRANCO DE ARLEQUIM e uma SENHORA vestida de preto com a cara coberta por um espesso tule que impede que se veja o seu rosto.*)

SENHORA. Onde está o meu filho?

DIRETOR. Que filho?

SENHORA. Meu filho Gonçalo.

DIRETOR. (*Irritado.*) Quando terminou a representação ele desceu precipitadamente ao fosso do teatro com esse rapaz que está com a senhora. Mais tarde o contrarregra o viu deitado na cama imperial do camarim. A mim não me pergunte nada. Hoje tudo aquilo está debaixo da terra.

TRAJE DE ARLEQUIM. (*Chorando.*) Henrique.

SENHORA. Onde está o meu filho? Os pescadores levaram para mim esta manhã um enorme peixe-lua, pálido, decomposto, e gritaram: Aqui está o seu filho! Como um fiozinho de sangue brotava sem cessar da boca do peixe, as crianças riam e pintavam de vermelho as solas de suas botas. Quando fechei minha porta senti como as pessoas dos mercados o arrastavam para o mar.

TRAJE DE ARLEQUIM. Para o mar.

DIRETOR. A representação terminou há horas e eu não sou responsável pelo que aconteceu.

SENHORA. Eu apresentarei minha denúncia e pedirei justiça diante de todos. (*Inicia a retirada.*).

ILUSIONISTA. Senhora, por aí não pode sair.

SENHORA. Tem razão. O vestíbulo está completamente às escuras. (*Vai sair pela porta da direita.*).

DIRETOR. Por aí também não. A senhora cairia pelas claraboias.

ILUSIONISTA. Senhora, tenha a bondade. Eu a conduzirei. (*Tira a capa e cobre com ela a SENHORA. Dá dois ou três passes de mágica com as mãos, puxa a capa e a SENHORA desaparece. O CRIADO empurra o TRAJE DE ARLEQUIM e o faz desaparecer pela esquerda. O ILUSIONISTA tira um grande leque branco e começa a abanar-se enquanto canta suavemente.*)

DIRETOR. Tenho frio.

ILUSIONISTA. Como?

DIRETOR. Eu disse que tenho frio.

ILUSIONISTA. (*Abanando-se.*) É uma bonita palavra. Frio.

DIRETOR. Muito obrigado por tudo.

ILUSIONISTA. De nada. Tirar é fácil. O difícil é pôr.

DIRETOR. É muito mais difícil substituir.

CRIADO. (*Entrando depois de ter levado o TRAJE DE ARLEQUIM.*) Faz um pouco de frio. Quer que ligue o aquecedor?

DIRETOR. Não. É preciso resistir a tudo porque quebramos as portas, levantamos o teto e ficamos com as quatro paredes do drama. (*Sai o CRIADO pela porta central.*) Mas não importa. Ainda sobra grama macia para dormir.

ILUSIONISTA. Para dormir!

DIRETOR. Que em último caso dormir é semear.

CRIADO. Senhor! Eu não posso aguentar o frio.

DIRETOR. Disse que temos que aguentar, não nos há de vencer um truque qualquer. Cumpra com a sua obrigação. (*O DIRETOR põe umas luvas e levanta a gola do fraque tremendo. O CRIADO desaparece.*)

ILUSIONISTA. (*Abanando-se.*) Mas o frio é uma coisa ruim?

DIRETOR. (*Com voz fraca.*) O frio é um elemento dramático como outro qualquer.

CRIADO. (*Aparece à porta tremendo, com as mãos sobre o peito.*) Senhor!

DIRETOR. O quê?

CRIADO. (*Caindo de joelhos.*) Aí está o público.

DIRETOR. (*Caindo de bruços sobre a mesa.*) Que entre!

(*O ILUSIONISTA, sentado perto da cabeça de cavalo, assobia e se abana com grande alegria. Todo o ângulo esquerdo do cenário se parte e aparece um céu de nuvens compridas, vivamente iluminado, e uma chuva lenta de luvas brancas, rígidas e esparramadas.*)

VOZ. (*Fora.*) Senhor.

VOZ. (*Fora.*) O quê?

VOZ. (*Fora.*) O público.

VOZ. (*Fora.*) Que entre.

(*O ILUSIONISTA agita vivamente o leque pelo ar. Começam a cair flocos de neve no palco*).

(*Pano lento.*)

— Sábado, 22 de agosto de 1930 —

EL PÚBLICO

EL PÚBLICO

(De un drama en 5 actos)

INTROITO

(Cortina azul. En el centro, un gran armario lleno de caretas blancas de diversas expresiones. Cada careta tiene su lucecita delante. El pastor bobo viene por la derecha. Viste de pieles bárbaras y lleva en la cabeza un embudo lleno de plumas y ruedecillas. Toca el aristón y danza con ritmo lento.)

EL PASTOR
El pastor bobo guarda las caretas,
las caretas
de los pordioseros y de los poetas,
que matan a las gipaetas
cuando vuelan por las aguas quieta.
Careta
de los niños que usan la puñeta
y se pudren debajo de una seta.
Caretas
de las águilas con muletas.
Careta de la careta
que era de yeso de Creta
y se puso de lanita color de violeta
en el asesinato de Julieta.
Adivina. Adivinilla. Adivineta

de un teatro sin lunetas
y un cielo lleno de sillas
con el hueco de una careta.
Balad, balad, balad caretas.
(Las caretas balan imitando las ovejas y alguna tose.)
Los caballos se comen la seta
y se pudren bajo la veleta.
Las águilas usan la puñeta
y se llenan de fango bajo el cometa.
Y el cometa devora la gipaeta
que rayaba el pecho del poeta.
¡Balad, balad, balad caretas!
Europa se arranca las tetas,
Asia se queda sin lunetas
y América es un cocodrilo
que no necesita careta.
La musiquilla, la musiquita
de las púas heridas y la limeta.

(Empuja el armario que va montando sobre ruedas y desaparece. Las caretas balan.)

CUADRO PRIMERO

(Cuarto del Director. El Director sentado. Viste de chaqué. Decorado azul. Una gran mano impresa en la pared. Las ventanas son radiografías.)

CRIADO. Señor.

DIRECTOR. ¿Qué?

CRIADO. Ahí está el público.

DIRECTOR. Que pase.

(Entran cuatro caballos blancos.)

DIRECTOR. ¿Qué desean? *(Los Caballos tocan sus trompetas.)* Esto sería si yo fuese un hombre con capacidad para el suspiro. Mi teatro siempre al aire libre.

Pero yo he perdido toda mi fortuna. Si no yo envenenaría el aire libre. Con una jeringuilla me basta. ¡Fuera de aqui! ¡Fuera de mi casa, caballos! Ya se ha inventado la cama para dormir con los caballos. *(Llorando)* Caballitos míos.

LOS CABALLOS. *(Llorando)* Por trescientas pesetas. Por doscientas pesetas, por un plato de sopa, por un frasco de perfume vacío, por tu saliva, por un recorte de tus uñas.

DIRECTOR. ¡Fuera! ¡Fuera! ¡Fuera! *(Toca el timbre.)*

LOS CABALLOS. ¡Por nada! Antes te olían los pies y nosotros teníamos tres años. Esperábamos en el retrete, esperábamos detrás de las puertas y luego te llenábamos la cama de lágrimas. *(Entra el Criado)*

DIRECTOR. ¡Dame un látigo!

LOS CABALLOS. Y tus zapatos estaban cocidos por el sudor, pero sabíamos comprender que la misma relación tenía la luna con las manzanas podridas en la hierba.

DIRECTOR. *(Al criado)* ¡Abre las puertas!

LOS CABALLOS. No, no, no. ¡Abominable! Estás cubierto de vello y comes la cal de los muros que no es tuya.

CRIADO. No abro la puerta. Yo no quiero salir al teatro.

DIRECTOR. *(Golpeándolo)* ¡Abre!

(Los caballos sacan largas trompetas doradas y danzan lentamente al son de su canto.)

CABALLO 1. ¡Abominables!

CABALLOS 2, 3 y 4. Blenamiboá.

CABALLO 1. ¡Abominable!

CABALLOS 2, 3 y 4. Blenamiboá.

(El criado abre la puerta.)

DIRECTOR. ¡Teatro al aire libre! ¡Fuera! ¡Vamos! Teatro al aire libre. ¡Fuera de aqui! *(Salen los Caballos). (Al criado.)* Continúa.

(El Director se sienta detrás de la mesa.)

CRIADO. Señor.

DIRECTOR. ¿Qué?

CRIADO. El público.

DIRECTOR. Que pase.

(El Director cambia su peluca rubia por una morena. Entran tres hombres vestidos de frac exactamente iguales. Llevan barbas oscuras.)

HOMBRE 1. ¿El señor Director del teatro aire libre?

DIRECTOR. Servidor de usted.

HOMBRE 1. Venimos a felicitarle por su última obra.

DIRECTOR. Gracias.

HOMBRE 3. Originalísima.

HOMBRE 1. ¡Y qué bonito título! Romeo y Julieta.

DIRECTOR. Un hombre y una mujer que se enamoran.

HOMBRE 1. Romeo puede ser un ave y Julieta puede ser una piedra. Romeo puede ser un grano de sal y Julieta puede ser un mapa.

DIRECTOR. Pero nunca dejarán de ser Romeo y Julieta.

HOMBRE 1. Y enamorados. Usted cree que estaban enamorados?

DIRECTOR. Hombre... Yo no estoy dentro...

HOMBRE 1. ¡Basta! ¡Basta! Usted mismo se denuncia.

HOMBRE 2. *(Al Hombre 1.)* Ve con prudencia. Tú tienes la culpa. ¿Para qué vienes a la puerta de los teatros? Puedes llamar a un bosque y es fácil que éste abra el ruido de su savia para tus oídos. ¡Pero un teatro!

HOMBRE 1. Es a los teatros donde hay que llamar; es a los teatros....

HOMBRE 3. Para que se sepa la verdad de las sepulturas.

HOMBRE 2. Sepulturas con focos de gas, y anuncios, y largas filas de butacas.

DIRECTOR. Caballeros...

HOMBRE 1. Sí. Sí. Director del teatro al aire libre, autor de Romeo y Julieta.

HOMBRE 2. ¿Cómo orinaba Romeo, señor Director? ¿Es que no es bonito ver orinar a Romeo? ¿Cuántas veces fingió tirarse de la torre para ser apresado en la comedia de su sufrimiento? ¿Qué pasaba, señor Director..., cuando no pasaba? Y el sepulcro? ¿Por qué, al final, no bajó usted las escaleras del sepulcro? Pudo usted haber visto un ángel que se llevaba el sexo de Romeo mientras dejaba el otro, el suyo, el que le correspondia. Y si yo le digo que el personaje principal de todo fue una flor venenosa, ¿qué pensaría usted? ¡Conteste!

DIRECTOR. Señores, no es ése el problema.

HOMBRE 1. *(Interrumpiendo.)* No hay otro. Tendremos necesidad de enterrar el teatro por la cobardía de todos. Y tendré que darme un tiro.

HOMBRE 2. ¡Gonzalo!

HOMBRE 1. *(Lentamente.)* Tendré que darme un tiro para inaugurar el verdadero teatro, el teatro bajo la arena.

DIRECTOR. Gonzalo...

HOMBRE 1. ¿Cómo? (Pausa)

DIRECTOR. *(Reaccionando.)* Pero no puedo. Se hundiría todo. Seria dejar ciegos a mis hijos y luego ¿qué hago con el público? ¿Qué hago con el público si quito las barandas al puente? Vendría la máscara a devorarme. Yo vi una vez a un hombre devorado por la máscara. Los jóvenes más fuertes de la ciudad, con picas ensangrentadas, le hundían por el trasero grandes bolas de periódicos abandonados, y en América hubo una vez un muchacho a quien la máscara ahorcó colgado de sus propios intestinos.

HOMBRE 1. ¡Magnífico!

HOMBRE 2. ¿Por qué no lo dice usted en el teatro?

HOMBRE 3. Eso es el principio de un argumento.

DIRECTOR. En todo caso un final.

HOMBRE 3. Un final ocasionado por el miedo.

DIRECTOR. Está claro, señor. No me supondrá usted capaz de sacar la máscara a escena.

HOMBRE 1. ¿Por qué no?

DIRECTOR. ¿Y la moral? ¿Y el estómago de los espectadores?

HOMBRE 1. Hay personas que vomitan cuando se vuelve un pulpo del revés y otras que se ponen pálidas si oyen pronunciar con la debida intención la palabra cáncer; pero usted sabe que contra esto existe la hojalata, y el yeso, y la adorable mica, y, en último caso, el cartón, que está al alcance de todas las fortunas como medio expresivo. *(Se levanta.)* Pero usted lo que quiere es engañarnos. Engañarnos para que todo siga igual y nos sea imposible ayudar a los muertos. Usted tiene la culpa de que las moscas hayan caído en cuatro mil naranjadas que yo tenía dispuestas. Y otra vez tengo que empezar a romper las raíces.

DIRECTOR *(Levantándose.)* Yo no discuto, señor. ¿Pero qué es lo que quiere de mí? ¿Trae usted una obra nueva?

HOMBRE 1. ¿Le parece a usted obra más nueva que nosotros con nuestras barbas.... y usted?

DIRECTOR. ¿Y yo...?

HOMBRE 1. Sí...usted.

HOMBRE 2. ¡Gonzalo!

HOMBRE 1. *(Mirando al Director)* Le reconozco todavía y me parece estarlo viendo aquella mañana que encerró una liebre, que era un prodigio de velocidad, en una pequeña cartera de libros. Y otra vez, que se puso dos rosas en las orejas el primer día que descubrió el peinado con la raya en medio. Y tú ¿me reconoces?

DIRECTOR. No es éste el argumento. ¡Por Dios! *(A voces.)* ¡Elena! ¡Elena! ¡Elena! *(Corre a la puerta.)*

HOMBRE 1. Pero te he de llevar al escenario quieras o no quieras. Me has hecho sufrir demasiado. ¡Pronto! ¡El biombo! ¡El biombo! *(El Hombre 3 saca un biombo y lo coloca en medio de la escena.)*

DIRECTOR. *(Llorando.)* Me ha de ver el público. Se hundirá mi teatro. Yo había hecho los dramas mejores de la temporada, ¡pero ahora...!

(Suenan las trompetas de los Caballos. El Hombre 1 se dirige al fondo y abre la puerta.)

HOMBRE 1. Pasad adentro, con nosotros. Tenéis sitio en el drama. Todo el mundo. *(Al Director.)* Y tú, pasa por detrás del biombo.

(Los Hombres 2 y 3 empujan al Director. Éste pasa por el biombo y aparece por la otra esquina un muchacho vestido de raso blanco con una gola blanca al cuello. Debe ser una actriz. Lleva una pequeña guitarrita negra.)

HOMBRE 1. ¡Enrique! ¡Enrique! *(Se cubre la cara con las manos.)*

HOMBRE 2. No me hagas pasar a mí por el biombo. Déjame ya tranquilo. ¡Gonzalo!

DIRECTOR. (*Frío y pulsando las cuerdas.*) Gonzalo, te he de escupir mucho. Quiero escupirte y romperte el frac con unas tijeritas. Dame seda y aguja. Quiero bordar. No me gustan los tatuajes, pero te quiero bordar con sedas.

HOMBRE 3. (*A los caballos.*) Tomad asiento donde queráis.

HOMBRE 1. (*Llorando.*) ¡Enrique! ¡Enrique!

DIRECTOR. Te bordaré sobre la carne y me gustará verte dormir en el tejado. ¿Cuánto dinero tienes en el bolsillo? ¡Quémalo! (*El Hombre 1 enciende un fósforo y quema los billetes.*) Nunca veo bien como desaparecen los dibujos en la llama. ¿No tienes más dinero? ¡Qué pobre eres, Gonzalo! ¿Y mi lápiz para labios? ¿No tienes carmín? Es un fastidio.

HOMBRE 2. (*Tímido*) Yo tengo. (*Se saca el lápiz por debajo de la barba y le ofrece.*)

DIRECTOR. Gracias... Pero... ¿pero también tú estás aqui? ¡Al biombo! Tú también al biombo. ¿Y todavía la soportas, Gonzalo?

(*El Director empuja bruscamente al Hombre 2 y aparece por el otro extremo del biombo una mujer vestida con pantalones de pijama negro y una corona de amapolas en la cabeza. Lleva en la mano unos impertinentes cubiertos por un bigote rubio que usará poniéndolo sobre su boca en algunos momentos del drama.*)

HOMBRE 2. (*Secamente.*) Dame el lápiz.

DIRECTOR. ¡Ja, ja, ja! ¡Oh Maximiliana, emperatriz de Baviera! ¡Oh mala mujer!

HOMBRE 2. (*Poniéndose el bigote sobre los labios.*) Te recomendaría un poco de silencio.

DIRECTOR. ¡Oh mala mujer! ¡Elena! ¡Elena!

HOMBRE 1. *(Fuerte.)* No llames a Elena.

DIRECTOR. ¿Y por qué no? Me ha querido mucho cuando mi teatro estaba al aire libre. ¡Elena!

(Elena sale de la izquierda. Viste de griega. Lleva las cejas azules, el cabello blanco y los pies de yeso. El vestido, abierto totalmente por delante, deja ver sus muslos cubiertos con apretada malla rosa. El Hombre 2 se lleva el bigote a los labios.)

ELENA. ¿Otra vez igual?

DIRECTOR. Otra vez.

HOMBRE 3. ¿Por qué has salido, Elena? ¿Por qué has salido si no me vas a querer?

ELENA. ¿Quién te lo dijo? Pero, ¿por qué me quieres tanto? Yo te besaría los pies si tú me castigaras y te fueras con las otras mujeres. Pero tú me adoras demasiado a mí sola. Será necesario terminar de una vez.

DIRECTOR. *(Al Hombre 3.)* ¿Y yo? ¿No te acuerdas de mí? ¿No te acuerdas de mis uñas arrancadas? ¿Cómo habría conocido a las otras y a ti no? ¿Por qué te he llamado, Elena? ¿Por qué te he llamado, suplicio mío?

JULIETA. *(Al Hombre 3.)* ¡Vete con él! Y confiésame ya la verdad que me ocultas. No me importa que estuvieras borracho y que quieras justificar, pero tú lo has besado y has dormido en la misma cama.

HOMBRE 3. ¡Elena! *(Pasa rápidamente por detrás del biombo y aparece sin barba con la cara palidísima y un látigo en la mano. Lleva una muñequera con clavos dorados.)*

HOMBRE 3. *(Azotando al Director.)* Tú siempre hablas, tú siempre mientes y he de acabar contigo sin la menor misericordia.

LOS CABALLOS. ¡Misericordia! ¡Misericordia!

ELENA. Podrías seguir golpeando un siglo entero y no creería en ti. (*El Hombre 3 se dirige a Elena y le aprieta las muñecas.*) Podrías seguir un siglo entero atenazando mis dedos y no lograrías hacerme escapar un solo gemido.

HOMBRE 3. ¡Veremos quién puede más!

ELENA. Yo y siempre yo.

(Aparece el Criado.)

ELENA. ¡Llévame pronto de aquí. Contigo! ¡Llévame! (*El Criado pasa por detrás del biombo y sale de la misma manera.*) ¡Llévame! ¡Muy lejos! (*El Criado la toma en brazos.*)

DIRECTOR. Podemos empezar.

HOMBRE 1. Cuando quieras.

LOS CABALLOS. ¡Misericordia! ¡Misericordia!

(Los caballos suenan sus largas trompetas. Los personajes están rígidos en sus puestos.)

(Telón lento.)

CUADRO SEGUNDO

RUINA ROMANA

(Una figura, cubierta totalmente de pámpanos rojos, toca una flauta sentada sobre un capitel. Otra figura, cubierta de cascabeles dorados, danza en el centro de la escena.)

FIGURA DE CASCABEL. ¿Si yo me convirtiera en nube?

FIGURA DE PÁMPANO. Yo me convertiría en ojo.

FIGURA DE CASCABEL. ¿Si yo me convirtiera en caca?

FIGURA DE PÁMPANO. Yo me convertiría en mosca.

FIGURA DE CASCABEL. ¿Si yo me convirtiera en manzana?

FIGURA DE PÁMPANO. Yo me convertiría en beso.

FIGURA DE CASCABEL. ¿Si yo me convirtiera en pecho?

FIGURA DE PÁMPANO. Yo me convertiría en sábana blanca.

VOZ. *(Sarcástica.)* ¡Bravo!

FIGURA DE CASCABEL. ¿Y si yo me convirtiera en pez luna?

FIGURA DE PÁMPANO. Yo me convertiría en cuchillo.

FIGURA DE CASCABEL. *(Dejando de danzar.)* Pero, ¿por qué? ¿Por qué me atormentas? ¿Cómo no vienes conmigo, si me amas, hasta donde yo te lleve? Si yo me convirtiera en pez luna, tú te convertirías en ola de mar, o en alga, y si quieres algo muy lejano, porque no desees besarme, tú te convertirías en luna llena, ¡pero en cuchillo! Te gozas en interrumpir mi danza. Y danzando es la única manera que tengo de amarte.

FIGURA DE PÁMPANO. Cuando rondas el lecho y los objetos de la casa, te sigo, pero no te sigo a los sitios a donde tú, lleno de sagacidad, pretendes llevarme. Si tú te convirtieras en pez luna, yo te abriría con un cuchillo, porque soy un hombre, porque no soy nada más que eso, un hombre, más hombre que Adán, y quiero que tú seas aún más hombre que yo. Tan hombre que no haya ruido en las ramas cuando tú pases. Pero tú no eres un hombre. Si yo no tuviera esta flauta te escaparías a la luna, a la luna cubierta de pañolitos de encaje y gotas de sangre de mujer.

FIGURA DE CASCABEL. *(Tímidamente.)* ¿Y si yo me convirtiera en hormiga?

FIGURA DE PÁMPANO. *(Enérgico.)* Yo me convertiría en tierra.

FIGURA DE CASCABEL. *(Más fuerte.)* si yo me convirtiera en tierra?

FIGURA DE PÁMPANO. *(Más débil.)* Yo me convertiría en agua.

FIGURA DE CASCABEL. *(Vibrante.)* ¿Y si yo me convirtiera en agua?

FIGURA DE PÁMPANO. *(Desfallecido.)* Yo me convertiría en pez luna.

FIGURA DE CASCABEL. *(Tembloroso.)* ¿Y si yo me convirtiera en pez luna?

FIGURA DE PÁMPANO. *(Levantándose.)* Yo me convertiría en cuchillo. En un cuchillo afilado durante cuatro largas primaveras.

FIGURA DE CASCABEL. Llévame al baño y ahógame. Será la única manera de que puedas verme desnudo. ¿Te figuras que tengo miedo a la sangre?
Sé la manera de dominarte. ¿Crees que no te conozco? De dominarte tanto, que si yo dijera "¿si yo me convirtiera en pez

luna?", tú me contestarás "yo me convertiría en una bolsa de huevas pequeñitas."

FIGURA DE PÁMPANO. Toma un hacha y córtame las piernas. Deja que vengan los insectos de la ruina y vete porque te desprecio. Quisiera que tú calaras hasta lo hondo. Te escupo.

FIGURA DE CASCABEL. ¿Lo quieres? Adiós. Estoy tranquilo. Si voy bajando por la ruina iré encontrando amor y cada vez más amor.

FIGURA DE PÁMPANO. *(Angustiado.)* ¿Dónde vas? ¿Dónde vas?

FIGURA DE CASCABEL. ¿No dices que me vaya?

FIGURA DE PÁMPANO. *(Con voz débil.)* No, no te vayas. ¿Y si yo me convirtiera en granito de arena?

FIGURA DE CASCABEL. Yo me convertiría en látigo.

FIGURA DE PÁMPANO. ¿Y si yo me convirtiera en una bolsa de huevas pequeñitas?

FIGURA DE CASCABEL. Yo me convertiría en otro látigo. Un látigo hecho con cuerdas de guitarra.

FIGURA DE PÁMPANO. ¡No me azotes!

FIGURA DE CASCABEL. Un látigo hecho con maromas de barco.

FIGURA DE PÁMPANO. ¡No me golpees el vientre!

FIGURA DE CASCABEL. Un látigo hecho con los estambres de una orquídea.

FIGURA DE PÁMPANO. ¡Acabarás por dejarme ciego!

FIGURA DE CASCABEL. Ciego, porque no eres hombre. Yo sí soy un hombre. Un hombre, tan hombre, que me desmayo cuando se despiertan los cazadores. Un hombre, tan hombre, que siento un dolor agudo en los dientes cuando alguien quiebra un tallo, por diminuto que sea. Un gigante. Un gigante, tan gigante, que puedo cortar una roca con la uña de un niño recién nacido.

FIGURA DE PÁMPANO. Estoy esperando la noche, angustiado por el blancor de la ruina, para poder arrastrarme a tus pies.

FIGURA DE CASCABEL. No. No¿ ¡Por qué me dices eso? Eres tú quien me debes obligar a mí para que lo haga. ¿No eres tú un hombre? ¿Un hombre más hombre que Adán?

FIGURA DE PÁMPANO. *(Cayendo al suelo.)* ¡Ay! ¡Ay!

FIGURA DE CASCABEL. *(Acercándose en voz baja.)* ¡Y si yo me convirtiera en capitel?

FIGURA DE PÁMPANO. ¡Ay de mí!

FIGURA DE CASCABEL. Tú te convertirías en sombra de capitel y nada más. Y luego vendría Elena a mi cama. Elena, ¡corazón mío!; mientras tú, debajo de los cojines, estarías tendido lleno de sudor, un sudor que no sería tuyo, que sería de los cocheros, de los fogoneros y de los médicos que operan el cáncer, y entonces yo me convertiría en pez luna y tú no serías ya nada más que una pequeña polvera que pasa de mano en mano.

FIGURA DE PÁMPANO. ¡Ay!

FIGURA DE CASCABEL. ¿Otra vez? ¿Otra vez estás llorando? Tendré la necesidad de desmayarme para que vengan los campesinos. Tendré necesidad de llamar a los negros, a los enormes negros heridos por las navajas de las yucas que luchan día y noche con el fango de los ríos. Levántate del suelo, cobarde. Ayer estuve en casa del fundidor y encargué una cadena. ¡No te alejes de mi! Una cadena, y estuve toda la noche llorando porque me dolían las muñecas y los tobillos y, sin embargo, no la tenía puesta. (*La Figura de Pámpano toca un silbato de plata.*) ¿Qué haces? (*Suena el silbato otra vez.*) Ya sé lo que deseas, pero tengo tiempo de huir.

FIGURA DE PÁMPANO. *(Levantándose.)* Huye si quieres.

FIGURA DE CASCABEL. Me defenderé con las hierbas.

FIGURA DE PÁMPANO. Prueba a defenderte.

(*Suena el silbato. Del techo cae un niño vestido con una malla roja.*)

NIÑO. ¡EL emperador! ¡El emperador! ¡El emperador!

FIGURA DE PÁMPANO. ¡El emperador!

FIGURA DE CASCABEL. Yo haré tu papel. No te descubras. Me costaría la vida.

NIÑO. ¡El emperador! ¡El emperador! ¡El emperador!

FIGURA DE CASCABEL. Todo entre nosotros era un juego. Jugábamos. Y ahora yo serviré al Emperador fingiendo la voz tuya. Tú puedes tenderte detrás de aquel gran capitel. No te lo había dicho nunca. Allí hay una vaca que guisa la comida para los soldados.

FIGURA DE PÁMPANO. ¡El emperador! Ya no hay remedio. Tú has roto el hilo de la araña y ya siento que mis grandes pies se van volviendo pequeñitos y repugnantes.

FIGURA DE CASCABEL. ¿Quieres un poco de té? ¿Dónde podría encontrar una bebida caliente en esta ruina?

NIÑO *(En el suelo.)* ¡El emperador! ¡El emperador! ¡El emperador!

(Suena una trompa y aparece el Emperador de los Romanos. Con él viene un Centurión de túnica amarilla y carne gris. Detrás vienen los cuatro Caballos con sus trompetas. El Niño se dirige al Emperador. Este lo toma en sus brazos y se pierden en los capiteles.)

CENTURIÓN. El emperador busca a uno.

FIGURA DE PÁMPANO. Uno soy yo.

FIGURA DE CASCABEL. Uno soy yo.

CENTURIÓN. ¿Cuál de los dos?

FIGURA DE PÁMPANO. Yo.

FIGURA DE CASCABEL. Yo.

CENTURIÓN. El Emperador adivinará cuál de los dos es uno. Con un cuchillo o con un salivazo. ¡Malditos seáis todos los de vuestra casta! Por vuestra culpa estoy corriendo caminos y durmiendo sobre la arena. Mi mujer es hermosa como una montaña. Pare por cuatro o cinco sitios a la vez y nunca al mediodía debajo de los árboles. Yo tengo doscientos hijos. Y tendré todavía muchos más. ¡Maldita sea vuestra casta!

(El Centurión escupe y canta. Un grito largo y sostenido se oye detrás de la columna. Aparece el Emperador limpiándose la frente. Se quita unos guantes negros, después de unos guantes rojos y aparecen sus manos de una blancura clásica.)

EMPERADOR. *(Displicente.)* ¿Cuál de los dos es uno?

FIGURA DE CASCABEL. Yo soy, señor.

EMPERADOR. Uno es uno y siempre uno. He degollado más de cuarenta muchachos que no lo quisieron decir.

CENTURIÓN. *(Escupiendo.)* Uno es uno y nada más que uno.

EMPERADOR. Y no hay dos.

CENTURIÓN. Porque si hubiera dos, no estaría el Emperador buscando por esos caminos.

EMPERADOR. *(Al Centurión.)* ¡Desnúdalos!

FIGURA DE CASCABEL. Yo soy uno, señor. Ese es el mendigo de las ruinas. Se alimenta de las raíces.

EMPERADOR. Aparta.

FIGURA DE PÁMPANO. Tú me conoces. Tú sabes quién soy. (Se despoja de los pámpanos y aparece un desnudo blanco de yeso.)

EMPERADOR. *(Abrazándolo.)* Uno es uno.

FIGURA DE PÁMPANO. Y siempre uno. Si me besas, yo abriré mi boca para clavarme, después, tu espada en el cuello.

EMPERADOR. Así lo haré.

FIGURA DE PÁMPANO. Y deja mi cabeza de amor en la ruina. La cabeza de uno que fue siempre uno.

EMPERADOR. *(Suspirando.)* Uno.

CENTURIÓN. *(Al Emperador.)* Difícil es, pero ahí lo tienes.

FIGURA DE PÁMPANO. Lo tiene porque nunca lo podrá tener.

FIGURA DE CASCABEL. ¡Traición! ¡Traición!

CENTURIÓN. ¡Cállate, rata vieja! ¡Hijo de la escoba!

FIGURA DE CASCABEL. ¡Gonzalo! ¡Ayúdame, Gonzalo!

(*La Figura de Cascabel tira de una columna y ésta se desdobla en el biombo blanco de la primera escena. Por detrás salen los tres Hombres barbados y el Director de escena.*)

HOMBRE 1. ¡Traición!

FIGURA DE CASCABEL. ¡Nos ha traicionado!

DIRECTOR. ¡Traición!

(*El Emperador está abrazado a la Figura de Pámpano.*)

(Telón.)

CUADRO TERCERO

(*Muro de arena. A la izquierda y pintada sobre el muro, una luna transparente casi de gelatina. En el centro, una inmensa hoja verde lanceolada.*)

HOMBRE 1. (*Entrando.*) No es esto lo que hace falta. Después de lo que ha pasado, seria injusto que yo volviese otra vez para hablar con los niños y observar la alegría del cielo.

HOMBRE 2. Mal sitio es éste.

DIRECTOR. ¿Habéis presenciado la lucha?

HOMBRE 3. *(Entrando.)* Debieron morir los dos. No he presenciado nunca un festín tan sangriento.

HOMBRE 1. Dos leones. Dos semidioses.

HOMBRE 2. Dos semidioses si no tuvieran ano.

HOMBRE 1. Pero el ano es el castigo del hombre. El ano es el fracaso del hombre, es su vergüenza y su muerte. Los dos tenían ano y ninguno de los dos podía luchar con la belleza pura de los mármoles que brillaban conservando deseos íntimos defendidos por una superficie intachable.

HOMBRE 3. Cuando sale la luna, los niños del campo se reúnen para defecar.

HOMBRE 1. Y detrás de los juncos, a la orilla fresca de los remansos, hemos encontrado la huella del hombre que hace horrible la libertad de los desnudos.

HOMBRE 3. Debieron morir los dos.

HOMBRE 1. *(Enérgico.)* Debieron vencer.

HOMBRE 3. ¿Cómo?

HOMBRE 1. Siendo hombres los dos y no dejándose arrastrar por los falsos deseos. Siendo íntegramente hombres. ¿Es que un hombre puede dejar de serlo nunca?

HOMBRE 2. ¡Gonzalo!

HOMBRE 1. Han sido vencidos y ahora todo será para burla y escarnio de la gente.

HOMBRE 3. Ninguno de los dos era un hombre. Como no lo sois vosotros tampoco. Estoy asqueado de vuestra compañía.

HOMBRE 1. Ahí detrás, en la última parte del festín, está el Emperador. ¿Por qué no sales y lo estrangulas? Reconozco tu valor tanto como justifico tu belleza. ¿Cómo no te precipitas y con tus mismos dientes le devoras el cuello?

DIRECTOR. ¿Por qué no lo haces tú?

HOMBRE 1. Porque no puedo, porque no quiero, porque soy débil.

DIRECTOR. Pero él puede, él quiere, él es fuerte. *(En voz alta.)* ¡El Emperador está en la ruina!

HOMBRE 3. Que vaya el que quiera respirar su aliento.

HOMBRE 1. ¡Tú!

HOMBRE 3. Solo podría convenceros si tuviera mi látigo.

HOMBRE 1. Sabes que no te resisto, pero te desprecio por cobarde.

HOMBRE 2. ¡Por cobarde!

DIRECTOR. *(Fuerte y mirando al Hombre 3.)* ¡El Emperador que bebe nuestra sangre está en la ruina! *(El Hombre 3 se tapa la cara con las manos.)*

HOMBRE 1. *(Al Director.)* Ése es, ¿lo conoces ya? Ése es el valiente que en el café y en el libro nos va arrollando las venas en las largas espinas de pez. Ése es el hombre que ama al Emperador en soledad y lo busca en las tabernas de los puertos. Enrique, mira bien sus ojos. Mira qué pequeños racimos de uvas bajan por sus hombros. A mí no me engaña. Pero ahora yo voy a matar al Emperador. Sin cuchillo, con estas manos quebradizas que me envidian todas las mujeres.

DIRECTOR. ¡No, que irá él! Espera un poco. *(El Hombre 3 se sienta en una silla y llora.)*

HOMBRE 3. No podría estrenar mi pijama de nubes. ¡Ay! Vosotros no sabéis que yo he descubierto una bebida maravillosa que solamente conocen algunos negros de Honduras.

DIRECTOR. Es un pantano podrido donde debemos estar y no aquí. Bajo el légamo donde se consumen las ranas muertas.

HOMBRE 2. *(Abrazando al Hombre 1.)* Gonzalo, ¿por qué lo amas tanto?

HOMBRE 1. *(Al Director.)* ¡Te traeré la cabeza dei Emperador!

DIRECTOR. Será el mejor regalo para Elena.

HOMBRE 2. Quédate, Gonzalo, y permite que te lave los pies.

HOMBRE 1. La cabeza del Emperador quema los cuerpos de todas las mujeres.

DIRECTOR. *(Al Hombre 1.)* Pero tú no sabes que Elena puede pulir sus manos dentro del fósforo y la cal viva. ¡Vete con el cuchillo! ¡Elena, Elena, corazón mío!

HOMBRE 3. ¡Corazón mío de siempre! Nadie nombre aquí a Elena.

DIRECTOR. *(Temblando.)* Nadie la nombre. Es mucho mejor que nos serenemos. Olvidando el teatro será posible. Nadie la nombre.

HOMBRE l. Elena.

DIRECTOR. *(Al Hombre 1.)* ¡Calla! Luego yo estaré esperando detrás de los muros del gran almacén. Calla.

HOMBRE 1. Prefiero acabar de una vez. ¡Elena! *(Inicia el mutis.)*

DIRECTOR. Oye, ¿y si yo me convirtiera en un pequeño enano de jazmines?

HOMBRE 2. *(Al Hombre 1.)* ¡Vamos! ¡No te dejes engañar! Yo te acompaño a la ruina.

DIRECTOR. *(Abrazando al Hombre 1.)* Me convertiría en una píldora de anís, una píldora donde estarían exprimidos los juncos de todos los ríos, y tú serías una gran montaña china cubierta de vivas arpas diminutas.

HOMBRE 1. *(Entornando los ojos.)* No, no. Yo entonces no sería una montaña china. Yo sería un odre de vino antiguo que llena de sanguijuelas la garganta.

(Luchan.)

HOMBRE 3. Tendremos necesidad de separarlos.

HOMBRE 2. Para que no se devoren.

HOMBRE 3. Aunque yo encontraría mi libertad. *(El Director y el Hombre 1 luchan sordamente.)*

HOMBRE 2. Pero yo encontraría mi muerte.

HOMBRE 3. Si yo tengo un esclavo...

HOMBRE 2. Es porque yo soy un esclavo.

HOMBRE 3. Pero esclavos los dos, de modo distinto podemos romper las cadenas.

HOMBRE 1. ¡Llamaré a Elena!

DIRECTOR. ¡Llamaré a Elena!

HOMBRE 1. ¡No, por favor!

DIRECTOR. No, no la llames. Yo me convertiré en lo que tú desees. *(Desaparecen luchando por la derecha.)*

HOMBRE 3. Podemos empujarlos y caerán al pozo. Así tú y yo quedaremos libres.

HOMBRE 2. Tú, libre. Yo, más esclavo todavía.

HOMBRE 3. No importa. Yo les empujo. Estoy deseando vivir en mi tierra verde, ser pastor, beber el agua de la roca.

HOMBRE 2. Te olvidas de que soy fuerte cuando quiero. Era yo un niño y ya uncía los bueyes de mi padre. Aunque mis huesos estén cubiertos de pequeñísimas orquídeas tengo una capa de músculos que utilizo cuando quiero.

HOMBRE 3. *(Suave.)* Es mucho mejor para ellos y para nosotros. ¡Vamos! El pozo es profundo.

HOMBRE 2. ¡No te dejaré!

(Luchan. El Hombre 2 empuja al Hombre 3 y desaparecen por el lado opuesto. El muro se abre y aparece el sepulcro de Julieta en Verona. Decoración realista. Rosales y yedras. Luna. Julieta está tendida en el sepulcro. Viste un traje blanco de ópera. Lleva al aire sus dos senos de celuloide rosado.)

JULIETA. *(Saltando del sepulcro.)* Por favor. No he tropezado con una amiga en todo el tiempo, a pesar de haber cruzado más de tres mil arcos vacíos. Un poco de ayuda, por favor. Un poco de ayuda, por favor. Un poco de ayuda y un mar de sueño.

(Canta.)

Un mar de sueño.
Un mar de tierra blanca
y los arcos vacíos por el cielo.
Mi cola por los mares, por las algas.
Mi cola por el tiempo.
Un mar de tiempo.
Playa de los gusanos leñadores
y delfín de cristal por los cerezos.
¡Oh puro amianto de final! ¡Oh ruina!
¡Oh soledad sin arco! ¡Mar de sueño!
(Un tumulto de espadas y voces surge al fondo de la escena.)

JULIETA. Cada vez más gente. Acabarán por invadir mi sepulcro y ocupar mi propia camita. A mí no me importan las discusiones sobre el amor ni el teatro. Yo lo que quiero es amar.

CABALLO BLANCO 1. *(Apareciendo. Trae una espada en la mano.)* ¡Amar!

JULIETA. Sí. Con amor que dura solo un momento.

CABALLO BLANCO 1. Te he esperado en el jardín.

JULIETA. Dirás en el sepulcro.

CABALLO BLANCO 1. Sigues tan loca como siempre. Julieta, ¿cuándo podrás darte cuenta de la perfección de un día? Un día con mañana y con tarde.

JULIETA. Y con noche.

CABALLO BLANCO 1. La noche no es el día. Y en un día lograrás quitarte la angustia y ahuyentar las impasibles paredes de mármol.

JULIETA. ¿Cómo?

CABALLO BLANCO 1. Monta en mi grupa.

JULIETA. ¿Para qué?

CABALLO BLANCO 1. *(Acercándose.)* Para llevarte.

JULIETA. ¿Dónde?

CABALLO BLANCO 1. A lo oscuro. En lo oscuro hay ramas suaves. El cementerio de las alas tiene mil superficies de espesor.

JULIETA. *(Temblando.)* ¿Y qué me darás allí?

CABALLO BLANCO 1.Te daré lo más callado de lo oscuro.

JULIETA. ¿El día?

CABALLO BLANCO 1. El musgo sin luz. El tacto que devora pequeños mundos con las yemas de los dedos.

JULIETA. ¿Eras tú el que ibas a enseñarme la perfección de un día?

CABALLO BLANCO 1. Para pasarte a la noche.

JULIETA. *(Furiosa.)* ¿Y qué tengo yo, caballo idiota, que ver con la noche? ¿Qué tengo yo que aprender de sus nubes o de sus borrachos? Sería preciso que use veneno de rata para librarme de gente molesta. Pero no quiero matar a las ratas. Ellas traen para mí pequeños pianos y escobillas de laca.

CABALLO BLANCO 1. Julieta, la noche no es un momento, pero un momento puede durar toda la noche.

JULIETA. *(Llorando.)* Basta. No quiero oírte más. ¿Para qué quieres llevarme? Es el engaño la palabra del amor, el espejo roto, el paso en el agua. Después me dejarías en el sepulcro otra vez, como todos hacen tratando de convencer a los que escuchan, de que el verdadero amor es imposible. Ya estoy cansada y me levanto a pedir auxilio para arrojar de mi sepulcro a los que teorizan sobre mi corazón y a los que abren la boca con pequeñas pinzas de mármol.

CABALLO BLANCO 1. El día es un fantasma que se sienta.

JULIETA. Pero yo he conocido mujeres muertas por el sol.

CABALLO BLANCO 1. Comprende bien un solo día para amar todas las noches.

JULIETA. ¡Lo de todos! ¡Lo de todos! Lo de los hombres, lo de los árboles, lo de los caballos. Todo lo que quieres enseñarme lo conozco perfectamente. La luna empuja de modo suave las casas deshabitadas, provoca la caída de las columnas y ofrece a los gusanos diminutas antorchas para entrar en el interior de las cerezas. La luna lleva a las alcobas las caretas de la meningitis, llena de agua fría los vientres de las embarazadas, y apenas me descuido, arroja puñados de hierba sobre mis hombros. No me mires, caballo, con ese deseo que tan bien conozco. Cuando era muy pequeña yo veía en Verona a las hermosas vacas pacer en los prados. Luego las veía pintadas en mis libros, pero las recordaba siempre al pasar por las carnicerías.

CABALLO BLANCO 1. Amor que solo dura un momento.

JULIETA. Sí, un minuto, y Julieta, viva, alegrísima, libre del punzante enjambre de lupas. Julieta en el comienzo, Julieta a la orilla de la ciudad.

(*El tumulto de voces y espadas vuelve a surgir en el fondo de la escena.*)

CABALLO BLANCO 1.
Amor. Amar. Amor.
Amor de caracol, col, col, col,

que saca los cuernos al sol.
Amar. Amor. Amar.
Del caballo que lame
la bola de sal. *(Baila.)*

JULIETA. Ayer eran cuarenta y estaba dormida. Venían las arañas, venían las niñas y la joven violada por el perro tapándose con los geranios, pero yo continuaba tranquila. Cuando las ninfas hablan del queso, éste puede ser de leche de sirenas o de trébol. Pero ahora son cuatro, son cuatro muchachos los que me han querido poner un falito y estaban decididos a pintarme un bigote de tinta.

CABALLO BLANCO 1.
Amor. Amar. Amor.
Amor de Ginido con el cabrón
y de la mula con el caracol, col, col, col,
que saca los cuernos al sol.
Amar. Amor. Amar.
De Júpiter en el establo con el pavo real
y el caballo que relincha dentro de la catedral.

JULIETA. Cuatro muchachos, caballo. Hacía mucho tiempo que sentía el ruido del juego, pero no he despertado hasta que brillaron los cuchillos.

(Aparece el Caballo Negro. Lleva un penacho de plumas del mismo color y una rueda en la mano.)

CABALLO NEGRO. ¿Cuatro muchachos? Todo el mundo. Una tierra de asfódelos y otra tierra de semillas. Los muertos siguen discutiendo y los vivos utilizan el bisturí. Todo el mundo.

CABALLO BLANCO 1. A las orillas del Mar Muerto nacen unas bellas manzanas de ceniza, pero la ceniza es buena.

CABALLO NEGRO. ¡Oh frescura! ¡Oh pulpa! ¡Oh rocío! Yo como ceniza.

JULIETA. No. No es buena la ceniza. ¿Quién habla de ceniza?

CABALLO BLANCO 1. No hablo de ceniza. Hablo de la ceniza que tiene forma de manzana.

CABALLO NEGRO. ¡Forma! ¡Forma! Ansia de la sangre.

JULIETA. Tumulto.

CABALLO NEGRO. Ansia de la sangre y hastío de la rueda.

(Aparecen Los Tres Caballos Blancos. Traen largos bastones de laca negra.)

LOS TRES CABALLOS BLANCOS. Forma y ceniza. Ceniza y forma. Espejo. Y el que pueda acabar que ponga un pan de oro.

JULIETA. *(Retorciéndose las manos.)* Forma y ceniza.

CABALLO NEGRO. Si ya sabéis lo bien que degüello las palomas. Cuando se dice roca yo entiendo aire. Cuando se dice aire yo entiendo vacío. Cuando se dice vacío yo entiendo paloma degollada.

CABALLO BLANCO 1.
Amor. Amar. Amor.
De la luna con el cascarón,
de la yema con la luna
y la nube con el cascarón.

LOS TRES CABALLOS. *(Golpeando el suelo con sus bastones.)*
Amor. Amar. Amor.
De la boñiga con el sol,
del sol con la vaca muerta
y el escarabajo con el sol.

CABLLO NEGRO. Por mucho que mováis los bastones, las cosas no sucederán sino como tienen que suceder. ¡Malditos! ¡Escandalosos! He de recorrer el bosque en busca de resina varias veces a la semana, por culpa vuestra, para tapar y restaurar el silencio que me pertenece. *(Persuasivo.)* Vete, Julieta. Te he puesto sábanas de hilo. Ahora empezará a caer una lluvia fina coronada de yedras que mojará los cielos y las paredes.

LOS TRES CABALLOS BLANCOS. Tenemos três bastones negros.

CABALLO BLANCO 1. Y uma espada.

LOS TRES CABALLOS. *(A Julieta.)* Hemos de pasar por tu vientre para encontrar la resurrección de los caballos.

CABALLO NEGRO. Julieta, son las tres de la madrugada; si te descuidas, las gentes cerrarán la puerta y no podrás pasar.

LOS TRES CABALLOS BLANCOS. Le queda el prado y el horizonte de montañas.

CABALLO NEGRO. Julieta, no hagas ningún caso. En el prado está el campesino que se come los mocos, el enorme pie que machaca al ratoncito, y el ejército de lombrices que moja de babas la hierba viciosa.

CABELO BLANCO 1. Le quedan sus pechitos duros y, además, ya se ha inventado la cama para dormir con los caballos.

LOS TRES CABALLOS BLANCOS. *(Agitando los bastones.)* Y queremos acostarnos.

CABALLO BLANCO 1. Con Julieta. Yo estaba em el sepulcro la última noche y sé todo lo que pasó.

LOS TRES CABALLOS BLANCOS. *(Furiosos.)* ¡Queremos acostarnos!

CABALLO BLANCO 1. Porque somos caballos verdaderos, caballos de coche que hemos roto con las vergas la madera de los pesebres y las ventanas del establo.

LOS TRES CABALLOS BLANCOS. Desnúdate Julieta y deja al aire tu grupa para el azote de nuestras colas. ¡Queremos resucitar! *(Julieta se refugia en el Caballo Negro.)*

CABALLO NEGRO. ¡Loca, más que loca!

JULIETA. *(Rehaciéndose.)* No os tengo miedo. ¿Queréis acostaros conmigo? ¿Verdad? Pues ahora soy yo la que quiere acostarse con vosotros, pero yo mando, yo dirijo, yo os monto, yo os corto las crines con mis tijeras.

CABALLO NEGRO. ¿Quién pasa a través de quién? ¡Oh amor, amor, que necesitas pasar tu luz por los calores oscuros! ¡Oh mar apoyado en la penumbra y flor en el culo del muerto!

JULIETA. *(Enérgica.)* Yo no soy una esclava para que me hinquen punzones de ámbar en los senos, ni un oráculo para los que tiemblan de amor a la salida de las ciudades. Todo mi sueño ha sido con el olor de la higuera y la cintura del que corta las espigas. ¡Nadie a través de mí! ¡Yo a través de vosotros!

CABALLO NEGRO. Duerme, duerme, duerme.

LOS TRES CABALLOS BLANCOS. *(Empuñan los bastones y por las conteras de éstos saltan tres chorros de agua.)* Te orinamos, te orinamos. Te orinamos como orinamos a las yeguas, como la cabra orina el hocico del macho y el cielo orina a las magnolias para ponerlas de cuero.

CABALLO NEGRO. *(A Julieta.)* A tu sitio. Que nadie pase a través de ti.

JULIETA. ¿Me he de callar entonces? Un niño recién nacido es hermoso.

LOS TRES CABALLOS BLANCOS. Es hermoso. Y arrastraría la cola por todo el cielo.

(Aparece por la derecha el Hombre 1 con el Director de escena. El Director de escena viene como en el primer acto, transformado en Arlequín blanco.)

HOMBRE 1. ¡Basta señores!

DIRECTOR. ¡Teatro al aire libre!

CABALLO BLANCO 1. No. Ahora hemos inaugurado el verdadero teatro. El teatro bajo la arena.

CABALLO NEGRO. Para que se sepa la verdad de las sepulturas.

LOS TRES CABALLOS BLANCOS. Sepulturas con anuncios, focos de gas y largas filas de butacas.

HOMBRE 1. ¡Sí! Ya hemos dado el primer paso. Pero yo sé positivamente que tres de vosotros se ocultan, que tres de vosotros nadan todavía en la superficie. *(Los Tres Gaballos Blancos se agrupan inquietos.)* Acostumbrados al látigo de los cocheros y a las tenazas de los herradores tenéis miedo de la verdad.

CABALLO NEGRO. Cuando se hayan quitado el último traje de sangre, la verdad será una ortiga, un cangrejo devorado, o un trozo de cuero detrás de los cristales.

HOMBRE 1. Deben desaparecer inmediatamente de este sitio. Ellos tiene miedo del público. Yo sé la verdad, yo sé que no buscan a Julieta y ocultan un deseo que me hiere y que leo en sus ojos.

CABALLO NEGRO. No un deseo, todos los deseos. Como tú.

HOMBRE 1. Yo no tengo más que un deseo.

CABALLO BLANCO 1. Como los caballos, nadie olvida su máscara.

HOMBRE 1. Yo no tengo máscara.

DIRECTOR. No hay más que máscara. Tenía yo razón, Gonzalo. Si burlamos la máscara, ésta nos colgará de un árbol como al muchacho de América.

JULIETA. *(Llorando.)* ¡Máscara!

CABALLO BLANCO 1. Forma.

DIRECTOR. En medio de la calle, la máscara nos abrocha los botones y evita el rubor imprudente que a veces surge en las mejillas. En la alcoba, cuando nos metemos los dedos en las narices, o nos exploramos delicadamente el trasero, el yeso de la máscara oprime de tal forma nuestra carne que apenas si podemos tendernos en el lecho.

HOMBRE 1. *(Al Director.)* Mi lucha ha sido con la máscara hasta conseguir verte desnudo. *(Lo abraza.)*

CABALLO BLANCO 1. *(Burlón.)* Un lago es una superficie.

HOMBRE 1. *(Irritado.)* ¡O un volumen!

CABALLO BLANCO 1. *(Riendo)* Un volumen son mil superficies.

DIRECTOR. *(Al Hombre 1.)* No me abraces, Gonzalo. Tu amor vive solo en presencia de testigos. ¿No me has besado lo bastante en la ruina? Desprecio tu elegancia y tu teatro. *(Luchan.)*

HOMBRE 1. Te amo delante de los otros porque abomino de la máscara y porque ya he conseguido arrancártela.

DIRECTOR. ¿Por qué soy tan débil?

HOMBRE 1. *(Luchando.)* Te amo.

DIRECTOR. *(Luchando.)* Te escupo.

JULIETA. ¡Están luchando!

CABALLO NEGRO. Se aman.

LOS TRES CABALLOS BLANCOS.
Amor, amor, amor.
Amor del uno con el dos
y amor del tres que se ahoga
por ser uno entre los dos.

HOMBRE 1. Desnudaré tu esqueleto.

DIRECTOR. Mi esqueleto tiene siete luces.

HOMBRE 1. Fáciles para mis siete manos.

DIRECTOR. Mi esqueleto tiene siete sombras.

LOS TRES CABALLOS BLANCOS. Déjalo, déjalo.

CABALLO BLANCO 1. *(Al Hombre 1.)* Te ordeno que lo dejes.

(Los Caballos separan al Hombre 1 y al Director.)

DIRECTOR. *(Alegrísimo y abrazando al Caballo Blanco 1.)* Esclavo del león, puedo ser amigo del caballo.

CABALLO BLANCO 1. *(Abrazándolo.)* Amor.

DIRECTOR. Meteré las manos en las grandes bolsas para arrojar al fango las monedas y las sumas llenas de miguitas de pan.

JULIETA. *(Al Caballo Negro.)* ¡Por favor!

CABALLO NEGRO. *(Inquieto.)* Espera.

HOMBRE 1. No ha llegado la hora todavía de que los caballos se lleven un desnudo que yo he hecho blanco a fuerza de lágrimas.

(Los Tres Caballos Blancos detienen al Hombre 1.)

HOMBRE 1. *(Enérgico.)* ¡Enrique!

DIRECTOR. ¿Enrique? Ahí tienes a Enrique. *(Se quita rápidamente el traje y lo tira detrás de una columna. Debajo lleva un sutilísimo traje de bailarina. Por detrás de la columna aparece el traje de Enrique. Este personaje es el mismo Arlequín blanco con una careta amarillo pálido.)*

EL TRAJE DE ARLEQUÍN. Tengo frío. Luz eléctrica. Pan. Estaban quemando goma. *(Queda rígido.)*

DIRECTOR. *(Al Hombre 1.)* No vendrás ahora conmigo. ¡Con la Guillermina de los caballos!

CABALLO BLANCO 1. Luna y raposa, y botella de las tabernillas.

DIRECTOR. Pasaréis vosotros, y los barcos, y los regimientos, y si quieren las cigüeñas, pueden pasar también. ¡Ancha soy!

LOS TRES CABALLOS BLANCOS. ¡Guillermina!

DIRECTOR. No Guillermina. No soy Guillermina. Yo soy la Dominga de los negritos. *(Se arranca las gasas y aparece vestido con* un maillot todo lleno de pequeños cascabeles. *Lo arroja detrás de la columna y desaparece seguido de los Caballos. Entonces aparece el personaje Traje de Bailarina.)*

EL TRAJE DE BAILARINA. Gui-guiller-guillermi-Guillermina. Na-nami-namiller-namillergui. Dejadme entrar o dejadme salir. *(Cae al suelo dormida.)*

HOMBRE 1. ¡Enrique, ten cuidado con las escaleras!

DIRECTOR. *(Fuera.)* Luna y raposa de los marineros borrachos.

JULIETA. *(Al Caballo Negro.)* Dame la medicina para dormir.

CABALLO NEGRO. Arena.

HOMBRE 1. *(Gritando.)* ¡En pez luna, solo deseo que tú seas un pez luna! ¡Que te conviertas en pez luna! *(Sale detrás violentamente.)*

EL TRAJE DE ARLEQUIN. Enrique. Luz eléctrica. Pan. Estaban quemando goma.

(Aparecen por la izquierda el Hombre 3 y el Hombre 2. El Hombre 2 es la mujer del pijama negro y las amapolas del cuadro uno. El Hombre 3, sin transformar.)

HOMBRE 2. Me quiere tanto que si nos ve juntos sería capaz de asesinarnos. Vamos. Ahora yo te serviré para siempre.

HOMBRE 3. Tu belleza era hermosa por debajo de las columnas.

JULIETA. *(A la pareja.)* Vamos a cerrar la puerta.

HOMBRE 2. La puerta del teatro no se cierra nunca.

JULIETA. Llueve mucho, amiga mía.

(Empieza a llover. El Hombre 3 saca del bolsillo una careta de ardiente expresión y se cubre el rostro.)

HOMBRE 3. *(Galante.)* ¿Y no pudiera quedarme a dormir en este sitio?

JULIETA. ¿Para qué?

HOMBRE 3. Para gozarte. *(Habla con ella.)*

HOMBRE 2. *(Al Caballo Negro.)* ¿Vio salir a un hombre con barba negra, moreno, al que chirriaban un poco los zapatos de charol?

CABALLO NEGRO. No lo vi.

HOMBRE 3. *(A Julieta.)* ¿Y quién mejor que yo para defenderte?

JULIETA. ¿Y quién más digna de amor que tu amiga?

HOMBRE 3. ¿Mi amiga? *(Furioso.)* ¡Siempre por vuestra culpa pierdo! Esta no es mi amiga. Ésta es una máscara, una escoba, un perro débil de sofá.

(Lo desnuda violentamente, le quita el pijama, la peluca y aparece el Hombre 2, sin barba, con el traje del primer cuadro.)

HOMBRE 2. ¡Por caridad!

HOMBRE 3. *(A Julieta.)* Lo traía disfrazado para defenderlo de los bandidos. Bésame la mano, besa la mano de tu protector.

(Aparece el Traje de Pijama con las amapolas. La cara de este personaje es blanca, lisa y comba como un huevo de avestruz. El Hombre 3 empuja al Hombre 2 y los hace desaparecer por la derecha.)

HOMBRE 2. ¡Por caridad!

(*El traje se sienta en las escaleras y golpea lentamente su cara con las manos, hasta el final.*)

HOMBRE 3. (*Saca del bolsillo una gran capa roja que pone sobre sus hombros enlazando a Julieta.*)

"Observa, amada mía, como esos rayos hostiles apartan las nubes allá, hacia el Oriente. Se apagaron las luces de la noche y el alegre día despunta en las brumosas cimas". El viento quiebra las ramas del ciprés...

JULIETA. ¡No es así!

HOMBRE 2. ...Y visita en la India a todas las mujeres que tienen las manos de agua.

CABALLO NEGRO. (*Agitando la rueda*) ¡Se va a cerrar!

JULIETA. (*Temblando*) ¡El ruiseñor, Dios mío! ¡El ruiseñor!

CABALLO NEGRO. ¡Que no te sorprenda! (*La coge rápidamente y la tiende en el sepulcro.*)

JULIETA. (*Durmiéndose.*) ¡El ruiseñor!

CABALLO NEGRO. (*Saliendo.*) Mañana volveré con la arena.

JULIETA. Mañana.

HOMBRE 3. (*Junto al sepulcro.*) ¡Amor mío, vuelve! El viento quiere las hojas de los arces. ¿Qué has hecho? (*Las abraza.*)

VOZ FUERA. ¡Enrique!

EL TRAJE DE ARLEQUÍN. Enrique.

EL TRAJE DE BAILARINA. Guillermina. ¡Acabad ya de una vez! *(Llora.)*

HOMBRE 3. Espera, espera. Ahora canta el ruiseñor. *(Se oye la bocina de un barco. El Hombre 3 deja la careta sobre el rostro de Julieta y cubre el cuerpo de ésta con la capa roja.)* Llueve demasiado. *(Abre un paraguas y sale en silencio sobre la punta de los pies.)*

HOMBRE 1. *(Entrando.)* Enrique, ¿cómo has vuelto?

EL TRAJE DE ARLEQUÍN. Enrique, ¿cómo has vuelto?

HOMBRE 1. ¿Por qué te burlas?

EL TRAJE DE ARLEQUÍN. ¿Por qué te burlas?

HOMBRE 1. *(Abrazando al Traje.)* Tenías que volver para mí, para mi amor inagotable, después de haber vencido las hierbas y los caballos.

EL TRAJE DE ARLEQUÍN. ¡Los caballos!

HOMBRE 1. ¡Dime, dime que has vuelto por mí!

EL TRAJE DE ARLEQUÍN. *(Con voz débil.)* Tengo frío. Luz eléctrica. Pan. Estaban quemando goma.

HOMBRE 1. *(Abrazando al Traje con violência.)* ¡Enrique!

EL TRAJE DE ARLEQUÍN. *(Con voz cada vez más débil.)* Enrique.

EL TRAJE DE BAILARINA. *(Con voz tenue.)* Guillermina.

HOMBRE 1. *(Arrojando el Traje al suelo y subiendo por las escaleras.)* ¡Enriqueee!

EL TRAJE DE ARLEQUÍN. *(En el suelo.)* Enriqueeeeee.

(La figura con el rostro de huevo se lo golpea incesantemente con las manos. Sobre el ruido de la lluvia canta el verdadero ruiseñor.)

(Telón.)

CUADRO QUINTO

(En el centro de la escena, una cama de frente y perpendicular, como pintada por un primitivo, donde hay un Desnudo viejo coronado de espinas azules. Al fondo, unos arcos y escaleras que conducen a los palcos de un gran teatro. A la derecha, la portada de una universidad. Al levantarse el telón se oye una salva de aplausos.)

DESNUDO. ¿Cuándo acabas?

ENFERMERO. *(Entrando rápidamente.)* Cuando cese el tumulto.

DESNUDO. ¿Qué piden?

ENFERMERO. Piden la muerte del Director de escena.

DESNUDO. ¿Y que dicen de mi?

ENFERMERO. Nada.

DESNUDO. Y de Gonzalo, ¿se sabe algo?

ENFERMERO. Lo están buscando en la ruina.

DESNUDO. Yo deseo morir. ¿Cuántos vasos de sangre me habrán sacado?

ENFERMERO. Cincuenta. Ahora te daré la hiel, y luego a las ocho, vendré con el bisturí para ahondarte la herida del costado.

DESNUDO. Es la que tiene más vitaminas.

ENFERMERO. Sí.

DESNUDO. ¿Dejaron salir a la gente bajo la arena?

ENFERMERO. Al contrario. Los soldados y los ingenieros están cerrando todas las salidas.

DESNUDO. ¿Cuánto falta para Jerusalén?

ENFERMERO. Tres estaciones, si queda bastante carbón.

DESNUDO. Padre mío, aparta de mí este cáliz de amargura.

ENFERMERO. Cállate. Ya es éste el tercer termómetro que rompes.

(Aparecen los Estudiantes. Visten mantos negros y becas rojas.)

ESTUDIANTE 1. ¿Por qué no limamos los hierros?

ESTUDIANTE 2. La callejuela está llena de gente armada y es difícil huir por allí.

ESTUDIANTE 3. ¿Y los caballos?

ESTUDIANTE 5. Los caballos lograron escapar rompiendo el techo de la escena.

ESTUDIANTE 4. Cuando estaba encerrado en la torre los vi subir, agrupados, por la colina. Iban con el Director de escena.

ESTUDIANTE 1. ¿No tiene foso el teatro?

ESTUDIANTE 2. Pero hasta los fosos están abarrotados de público. Más vale quedarse. *(Se oye una salva de aplausos. El Enfermero incorpora al Desnudo y le arregla las almohadas.)*

DESNUDO. Tengo sed.

ENFERMERO. Ya se ha enviado al teatro por el agua.

ESTUDIANTE 4. La primera bomba de la revolución barrió la cabeza del profesor de retórica.

ESTUDIANTE 2. Con gran alegría para su mujer, que ahora trabajará tanto que tendrá que ponerse dos grifos en las tetas.

ESTUDIANTE 3. Dicen que por las noches subía un caballo con ella a la terraza.

ESTUDIANTE 1. Precisamente ella fue la que vio, por una claraboya del teatro, todo lo que ocurría y dio la voz de alarma.

ESTUDIANTE 4. Y aunque los poetas pusieron una escalera para asesinarla, ella siguió dando voces y acudió la multitud.

ESTUDIANTE 2. ¿Se llama?

ESTUDIANTE 3. Se llama Elena.

ESTUDIANTE 1. *(Aparte.)* Selene.

ESTUDIANTE 2. *(Al Estudiante 1.)* ¿Qué te pasa?

ESTUDIANTE l.Tengo miedo de salir al aire.

(Por las escaleras bajan los dos Ladrones. Varias Damas vestidas de noche salen precipitadamente de los palcos. Los Estudiantes discuten.)

DAMA 1. ¿Estarán todavía los coches a la puerta?

DAMA 2. ¡Qué horror!

DAMA 3. Han encontrado al Director de escena dentro del sepulcro.

DAMA 1. ¿Y Romeo?

DAMA 4. Lo estaban desnudando cuando salimos.

MUCHACHO 1. El público quiere que el poeta sea arrastrado por los caballos.

DAMA 1. Pero ¿por qué? Era un drama delicioso, y la revolución no tiene derecho a profanar las tumbas.

DAMA 2. Las voces estaban vivas y sus apariencias también. ¿Qué necesidad teníamos de lamer los esqueletos?

MUCHACHO 1. Tiene razón. El acto del sepulcro estaba prodigiosamente desarrollado. Pero yo descubrí la mentira cuando vi los pies de Julieta. Eran pequeñísimos.

DAMA 2. ¡Delicioso! No querrá usted ponerles reparos.

MUCHACHO 1. Sí, pero eran demasiado pequeños para ser pies de mujer. Eran demasiado femeninos. Eran pies de hombre, pies inventados por un hombre.

DAMA 2. ¡Qué horror!

(Del teatro llegan murmullos y ruidos de espadas.)

DAMA 3. ¡No podremos salir?

MUCHACHO 1. En este momento llega la revolución a la catedral. Vamos por la escalera. *(Salen.)*

ESTUDIANTE 4. El tumulto comenzó cuando vieron que Romeo y Julieta se amaban de verdad.

ESTUDIANTE 2. Precisamente fue por todo lo contrario. El tumulto comenzó cuando observaron que no se amaban, que no podían amarse nunca.

ESTUDIANTE 4. El público tiene sagacidad para descubrirlo todo y por eso protestó.

ESTUDIANTE 2. Precisamente por eso. Se amaban los esqueletos y estaban amarillos de llama, pero no se amaban los trajes, y el público vio varias veces la cola de Julieta cubierta de pequeños sapitos de asco.

ESTUDIANTE 4. La gente se olvida de los trajes en las representaciones, y la revolución estalló cuando se encontraron a la verdadera Julieta amordazada debajo de las sillas y cubierta de algodones para que no gritase.

ESTUDIANTE 1. Ahí está la gran equivocación de todos y por eso el teatro agoniza: el público no debe atravesar las sedas y los cartones que el poeta levanta en su dormitorio. Romeo puede ser un ave y Julieta puede ser una piedra. Romeo puede ser un grano de sal y Julieta puede ser un mapa. ¿Qué le importa esto al público?

ESTUDIANTE 4. Nada. Pero un ave no puede ser un gato, ni una piedra puede ser un golpe de mar.

ESTUDIANTE 2. Es cuestión de forma, de máscara. Un gato puede ser una rana, y la luna de invierno puede ser muy bien un haz de leña cubierto de gusanos ateridos. El público se ha de dormir en la palabra, y no ha de ver a través de la columna las ovejas que balan y las nubes que van por el cielo.

ESTUDIANTE 4. Por eso ha estallado la revolución. El Director de escena abrió los escotillones y la gente pudo ver cómo el veneno de las venas falsas había causado la muerte verdadera de muchos niños. No son las formas disfrazadas las que levantan la vida, sino el cabello de barómetro que tienen detrás.

ESTUDIANTE 2. En último caso, ¿es que Romeo y Julieta tienen que ser necesariamente un hombre y una mujer para la escena del sepulcro se produzca de manera viva y desgarradora?

ESTUDIANTE 1. No es necesario, y esto era lo que se propuso demostrar con genio el Director de escena.

ESTUDIANTE 4. ¿Que no es necesario? Entonces que se paren las máquinas y arrojad los granos de trigo sobre un campo de acero.

ESTUDIANTE 2. ¿Y qué pasaría? Pasaría que vendrían los hongos, y los latidos se harían quizás más intensos y apasionantes. Lo que pasa es que se sabe lo que alimenta un grano de trigo y se ignora lo que alimenta un hongo.

ESTUDIANTE 5. (*Saliendo de los palcos.*) Ha llegado el juez y, antes de asesinarlos, les van a hacer repetir la escena del sepulcro.

ESTUDIANTE 4. Vamos. Verás como tengo razón.

ESTUDIANTE 2. Sí. Vamos a ver la última Julieta verdaderamente femenina que se verá en el teatro. (*Salen rápidamente.*)

DESNUDO. Padre mío, perdónalos que no saben lo que se hacen.

ENFERMERO. (*A los Ladrones.*) ¿Por qué llegáis a esta hora?

LADRONES. Se ha equivocado el traspunte.

ENFERMERO. ¿Os han puesto inyecciones?

LADRONES. Sí.

(Se sientan a los pies de la cama con unos cirios encendidos. La escena queda en penumbra. Aparece el Traspunte.)

ENFERMERO. ¿Son éstas horas de avisar?

TRASPUNTE. Le ruego me perdone, pero se había perdido la barba de José de Arimatea.

ENFERMERO. ¿Está preparado el quirófano?

TRASPUNTE. Solo faltan los candeleros, el cáliz y las ampollas de aceite alcanforado.

ENFERMERO. Date prisa. *(Sale el Traspunte.)*

DESNUDO. ¿Falta mucho?

ENFERMERO. Poco. Ya han dado la tercera campanada. Cuando el Emperador se disfrace de Poncio Pilato.

MUCHACHO 1. *(Aparece con las Damas.)* ¡Por favor! No se dejen ustedes dominar por el pánico.

DAMA 1. Es horrible perderse en un teatro y no encontrar la salida.

DAMA 2. Lo que más miedo me ha dado ha sido el lobo de cartón y las cuatro serpientes en el estanque de hojalata.

DAMA 3. Cuando subíamos por el monte de la ruina creímos ver la luz de la aurora, pero tropezamos con los telones y traigo mis zapatos de tisú manchados de petróleo.

DAMA 4. *(Arrimándose a los arcos.)* Están representando otra vez la escena del sepulcro. Ahora es seguro que el fuego romperá las puertas, porque cuando yo lo vi hace un momento, ya los guardianes tenían las manos achicharradas y no lo podían contener.

MUCHACHO 1. Por las ramas de aquel árbol podemos alcanzar uno de los balcones y desde allí pediremos auxilio.

ENFERMERO. *(En voz alta.)* ¿Cuándo va a comenzar el toque de agonía?

(*Se oye una campana.*)

LADRONES. (*Levantando los cirios.*) Santo. Santo. Santo.

DESNUDO. Padre: en tus manos encomiendo mi espíritu.

ENFERMERO. Te has adelantado dos minutos.

DESNUDO. Es que el ruiseñor ha cantado ya.

ENFERMERO. Es cierto. Y las farmacias están abiertas para la agonía.

DESNUDO. Para la agonía del hombre solo, en las plataformas y en los trenes.

ENFERMERO. *(Mirando el reloj y en voz alta.)* Traed la sábana. Mucho cuidado con que el aire que ha de soplar no se lleve vuestras pelucas. De prisa.

LADRONES. Santo. Santo. Santo.

DESNUDO. Todo se ha consumado.

(La cama gira sobre un eje y el Desnudo desaparece. Sobre el reverso del lecho aparece tendido el Hombre I, siempre con frac y barba negra.)

HOMBRE 1. *(Cerrando los ojos.)* ¡Agonía!

(La luz toma un tinte plateado de pantalla cinematográfica. Los arcos y escaleras del fondo aparecen teñidos de una granulada luz azul. Los Ladrones y El Enfermero desaparecen con paso de baile sin dar la espalda. Los Estudiantes salen por debajo de uno de los arcos. Llevan pequeñas linternas eléctricas.)

ESTUDIANTE 4. La actitud del público ha sido detestable.

ESTUDIANTE 1. Detestable. Un espectador no debe formar nunca parte del drama. Cuando la gente va al acuarium no asesina a las serpientes de mar, ni a las ratas de agua, ni a los peces cubiertos de lepra, sino que resbala sobre los cristales sus ojos y aprende.

ESTUDIANTE 4. Romeo era un hombre de treinta años y Julieta un muchacho de quince. La denuncia del público fue eficaz.

ESTUDIANTE 2. El Director de escena evitó de manera genial que la masa de espectadores se enterase de esto, pero los Caballos y la revolución han destruido sus planes.

ESTUDIANTE 4. Lo que es inadmisible es que los hayan asesinado.

ESTUDIANTE 1. Y que hayan asesinado a la verdadera Julieta que gemía debajo de las butacas.

ESTUDIANTE 4. Por pura curiosidad, para ver lo que tenían dentro.

ESTUDIANTE 3. ¿Y qué han sacado en claro? Un racimo de heridas y una desorientación absoluta.

ESTUDIANTE 4. La repetición del acto ha sido maravillosa, porque indudablemente se amaban con un amor incalculable, aunque yo no lo justifique. Cuando cantó el ruiseñor yo no pude contener mis lágrimas.

ESTUDIANTE 3. Y toda la gente. Pero después enarbolaron los cuchillos y los bastones porque la letra era más fuerte que ellos, y la doctrina cuando desata su cabellera puede atropellar sin miedo las verdades más inocentes.

ESTUDIANTE 5. *(Alegrísimo.)* ¡Mirad, he conseguido un zapato de Julieta! La estaban amortajando las monjas y lo he robado.

ESTUDIANTE 4. *(Serio.)* ¿Qué Julieta?

ESTUDIANTE 5. ¿Qué Julieta iba a ser? La que estaba en el escenario, la que tenía los pies más bellos del mundo.

ESTUDIANTE 4. *(Con asombro.)* ¿Pero no te has dado cuenta de que la Julieta que estaba en el sepulcro era un joven disfrazado, un truco del Director de escena, y que la verdadera Julieta estaba amordazada debajo de los asientos?

ESTUDIANTE 5. *(Rompiendo a reír.)* ¡Pues me gusta! Parecía muy hermosa, y si era un joven disfrazado no me importa nada, en cambio, no hubiese recogido el zapato de aquella muchacha llena de polvo que gemía como una gata debajo de las sillas.

ESTUDIANTE 3. Y, sin embargo, por eso la han asesinado.

ESTUDIANTE 5. Porque están locos. Pero yo que subo dos veces todos los días la montaña y guardo, cuando terminan mis estudios, un enorme rebaño de toros, con los que tengo que luchar y vencer cada instante, no me queda tiempo para pensar si es hombre o mujer o niño, sino para ver que me gusta con un alegrísimo deseo.

ESTUDIANTE 1. ¡Magnífico! ¿Y si quiero enamorarme de un cocodrilo?

ESTUDIANTE 5. Te enamoras.

ESTUDIANTE 1. ¿Y si quiero enamorarme de ti?

ESTUDIANTE 5. *(Arrojándole el zapato.)* Te enamoras también, yo te dejo, y te subo en hombros por los riscos.

ESTUDIANTE 1. Y lo destruimos todo.

ESTUDIANTE 5. Los tejados y las familias.

ESTUDIANTE 1. Y donde se hable de amor entraremos con botas de foot-ball echando fango por los espejos.

ESTUDIANTE 5. Y quemaremos el libro donde los sacerdotes leen la misa.

ESTUDIANTE 1. Vamos. ¡Vamos pronto!

ESTUDIANTE 5. Yo tengo cuatrocientos toros. Con las maromas que torció mi padre los engancharemos a las rocas para partirlas y que salga un volcán.

ESTUDIANTE 1. ¡Alegría! Alegría de los muchachos y de las muchachas, y de las ranas, y de los pequeños taruguitos de madera.

TRASPUNTE. *(Apareciendo.)* Señores: Clase de geometría descriptiva.

(La escena va quedando en penumbra. Los Estudiantes encienden sus linternas y entran en la universidad.)

TRASPUSTE. *(Displicente.)* ¡No hagan sufrir a los cristales!

ESTUDIANTE 5. *(Huyendo por los arcos con el Estudiante.)* ¡Alegría! ¡Alegría! ¡Alegría!

HOMBRE 1. Agonía. Soledad del hombre en el sueño lleno de ascensores y trenes donde tú vas a velocidades increíbles. Soledad de los edificios, de las esquinas, de las playas, donde tú no aparecerías ya nunca.

DAMA 1. *(Por las escaleras.)* ¿Otra vez la misma decoración? ¡Es horrible!

MUCHACHO 1. ¡Alguna puerta será la verdadera!

DAMA 2. ¡Por favor! ¡No me suelte usted la mano!

MUCHACHO 1. Cuando amanezca nos guiaremos por las claraboyas.

DAMA 3. Empiezo a tener frío con este traje.

HOMBRE 1. *(Con voz débil.)* ¡Enrique, Enrique!

DAMA 1. ¿Qué ha sido eso?

MUCHACHO 1. Calma.

(La escena está a oscuras. La linterna del Muchacho 1 ilumina la cara muerta del Hombre 1.)

(Telón.)

CUADRO SEXTO

(La misma decoración que en el primer cuadro. A la izquierda, una gran cabeza de caballo colocada en el suelo. A la derecha, un ojo enorme y un grupo de árboles con nubes apoyadas en la pared. Entra

el Director de escena con el Prestidigitador. Viste de frac, capa blanca de raso que le llega a los pies y lleva sombrero de copa. El Director de escena tiene el traje del primer cuadro.)

DIRECTOR. Un prestidigitador no puede resolver este asunto, ni un médico, ni un astrónomo, ni nadie. Es muy sencillo soltar a los leones y luego llover azufre sobre ellos. No siga usted hablando.

PRESTIDIGITADOR. Me parece que usted, hombre de máscara, no recuerda que nosotros usamos la cortina oscura.

DIRECTOR. Cuando las gentes están en el cielo, pero dígame, ¿qué cortina se puede usar en un sitio donde el aire es tan violento que desnuda a las gentes y hasta los niños llevan navajitas para rasgar los telones?

PRESTIDIGITADOR. Naturalmente, la cortina del prestidigitador presupone un orden en la oscuridad del truco, por eso, ¿por qué eligieron ustedes una tragedia manida y no hicieron un drama original?

DIRECTOR. Para expresar lo que pasa todos los días en todas las grandes ciudades y en los campos por medio de un ejemplo que, admito por todos a pesar de su originalidad, ocurrió solo una vez. Pude haber elegido el Edipo o el Otelo. En cambio, si hubiera levantado el telón con la verdad original, se hubieran manchado de sangre las butacas desde las primeras escenas.

PRESTIDIGITADOR. Si hubieran empleado "la flor de Diana", que la angustia de Shakespeare utilizó de manera irónica en *El sueño de una noche de verano*, es probable que la representación habría terminado con éxito. Si el amor es pura casualidad y Titania, reina de los Silfos, se enamora de un asno, nada de particular tendría que, por el mismo procedimiento, Gonzalo bebiera en el music-hall con un muchacho vestido de blanco sentado en las rodillas.

DIRECTOR. Le suplico no siga hablando.

PRESTIDIGITADOR. Construyan ustedes un arco de alambre, una cortina y un árbol de frescas hojas, corran y descorran la cortina a tiempo y nadie se extrañará de que el árbol se convierta en un huevo de serpiente. Pero ustedes lo que querían era asesinar a la paloma y dejar en lugar suyo un pedazo de mármol lleno de pequeñas salivas habladoras.

DIRECTOR. Era imposible hacer otra cosa. Mis amigos y yo abrimos el túnel bajo la arena sin que lo notara la gente de la ciudad. Nos ayudaron muchos obreros y estudiantes que ahora niegan haber trabajado a pesar de tener las manos llenas de heridas. Cuando llegamos al sepulcro levantamos el telón.

PRESTIDIGITADOR. ¿Y qué teatro puede salir de un sepulcro?

DIRECTOR. Todo teatro sale de las humedades confinadas. Todo teatro verdadero tiene un profundo hedor de luna pasada. Cuando los trajes hablan, las personas vivas son ya botones de hueso en las paredes del calvario. Yo hice el túnel para apoderarme de los trajes y, a través de ellos, enseñar el perfil de una fuerza oculta cuando ya el público no tuviera más remedio que atender, lleno de espíritu y subyugado por la acción.

PRESTIDIGITADOR. Yo convierto sin ningún esfuerzo un frasco de tinta en una mano cortada lleno de anillos antiguos.

DIRECTOR. *(Irritado.)* ¡Pero eso es mentira! ¡Eso es teatro! Si yo pasé tres días luchando con las raíces y los golpes de agua fue para destruir el teatro.

PRESTIDIGITADOR. Lo sabía.

DIRECTOR. Y demostrar que si Romeo y Julieta agonizan y mueren para despertar sonriendo cuando cae el telón, mis personajes, en cambio, queman la cortina y mueren de verdad en presencia de los espectadores. Los caballos, el mar, el ejército de las hierbas lo han impedido. Pero algún día, cuando se quemen todos los teatros, se encontrarán en los sofás, detrás de los espejos y dentro de las copas de cartón dorado, la reunión de nuestros muertos encerrados allí por el público. ¡Hay que destruir el teatro o vivir en el teatro! No vale silbar desde las ventanas. Y si los perros gimen de modo tierno hay que levantar la cortina sin prevenciones. Yo conocí un hombre que barría su tejado y limpiaba claraboyas y barandas solamente por galantería del cielo.

PRESTIDIGITADOR. Si avanzas un escalón más, el hombre te parecerá una brizna de hierba.

DIRECTOR. No una brizna de hierba, pero sí un navegante.

PRESTIDIGITADOR. Yo puedo convertir un navegante en una aguja de coser.

DIRECTOR. Eso es precisamente lo que se hace en el teatro. Por eso yo me atreví a realizar un dificilísimo juego poético en espera de que el amor rompiera con ímpetu y diera una nueva forma a los trajes.

PRESTIDIGITADOR. Cuando dice usted amor yo me asombro.

DIRECTOR. Se asombra, ¿de qué?

PRESTIDIGITADOR. Veo un paisaje de arena reflejado en un espejo turbio.

DIRECTOR. ¿Y qué más?

PRESTIDIGITADOR. Que no acaba nunca de amanecer.

DIRECTOR. Es posible.

PRESTIDIGITADOR. *(Displicente y golpeando la cabeza de caballo con las yemas de los dedos.)* Amor.

DIRECTOR. *(Sentándose en la mesa.)* Cuando dice usted amor yo me asombro.

PRESTIDIGITADOR. Se asombra, ¿de qué?

DIRECTOR. Veo que cada grano de arena se convierte en una hormiga vivísima.

PRESTIDIGITADOR. ¿Y qué más?

DIRECTOR. Que anochece cada cinco minutos.

PRESTIDIGITADOR. *(Mirando fijamente.)* Es posible. *(Pausa.)* Pero, ¿qué se puede esperar de una gente que inaugura el teatro bajo la arena? Si abriera usted esa puerta se llenaría esto de mastines, de locos, de lluvias, de hojas monstruosas, de ratas de alcantarilla. ¿Quién pensó nunca que se pueden romper todas las puertas de un drama?

DIRECTOR. Es rompiendo todas las puertas el único modo que tiene el drama de justificarse, viendo, por sus propios ojos, que la ley es un muro que se disuelve en la más pequeña gota de sangre. Me repugna el moribundo que dibuja con el dedo una puerta sobre la pared y se duerme tranquilo. El verdadero drama es un circo de arcos donde el aire y la luna y las criaturas entran y salen sin tener sitio donde descansar. Aquí está usted pisando un teatro donde se han dado dramas auténticos y donde se ha sostenido un verdadero combate que ha costado la vida a todos los intérpretes. *(Llora.)*

CRIADO. *(Entrando precipitadamente.)* Señor.

DIRECTOR. ¿Qué ocurre? *(Entra el Traje Blanco de Arlequín y una Señora vestida de negro con la cara cubierta por un espeso tul que impide ver su rostro.)*

SEÑORA. ¿Dónde está mi hijo?

DIRECTOR. ¿Qué hijo?

SEÑORA. Mi hijo Gonzalo.

DIRECTOR. *(Irritado.)* Cuando terminó la representación bajó precipitadamente al foso del teatro con ese muchacho que viene con usted. Más tarde el traspunte lo vio tendido en la cama imperial de la guardarropía. A mí no me debe preguntar nada. Hoy todo aquello está bajo la tierra.

TRAJE DE ARLEQUÍN. *(Llorando.)* Enrique.

SEÑORA. ¿Dónde está mi hijo? Los pescadores me llevaron esta mañana un enorme pez luna, pálido, descompuesto, y me gritaron: ¡Aquí tienes a tu hijo! Como el pez manaba sin cesar un hilito de sangre por la boca, los niños reían y pintaban de rojo las suelas de sus botas. Cuando yo cerré mi puerta sentí cómo la gente de los mercados lo arrastraban hacia el mar.

TRAJE DE ARLEQUÍN. Hacia el mar.

DIRECTOR. La representación ha terminado hace horas y yo no tengo responsabilidad de lo que ha ocurrido.

SEÑORA. Yo presentaré mi denuncia y pediré justicia delante de todos. *(Inicia el mutis.)*

PRESTIDIGITADOR. Señora, por ahí no puede salir.

SEÑORA. Tiene razón. El vestíbulo está completamente a oscuras. *(Va a salir por la puerta derecha.)*

DIRECTOR. Por ahí tampoco. Se caería por las claraboyas.

PRESTIDIGITADOR. Señora, tenga la bondad. Yo la conduciré. *(Se quita la capa y cubre con ella a la Señora. Da dos o tres pases con las manos, tira de la capa y la Señora desaparece, El Criado ha empujado al Traje [de Arlequín] y lo hace desaparecer por la izquierda. El Prestidigitador saca un gran abanico blanco y empieza a abanicarse mientras canta suavemente.)*

DIRECTOR. Tengo frío.

PRESTIDIGITADOR. ¿Cómo?

DIRECTOR. Le digo que tengo fro.

PRESTIDIGITADOR. *(Abanicándose.)* Es una bonita palabra, frío.

DIRECTOR. Muchas gracias por todo.

PRESTIDIGITADOR. De nada. Quitar es muy fácil. Lo difícil es poner.

DIRECTOR. Es mucho más difícil sustituir.

CRIADO. *(Entrando de haberse llevado al [Traje de Arlequín])* Hace un poco de frío. ¿Quiere que encienda la calefacción?

DIRECTOR. No. Hay que resistirlo todo porque hemos roto las puertas, hemos levantado el techo y nos hemos quedado con las cuatro paredes del drama. *(Sale el Criado por la puerta central.)* Pero no importa. Todavía queda hierba suave para dormir.

PRESTIDIGITADOR. ¡Para dormir!

DIRECTOR. Que en último caso dormir es sembrar.

CRIADO. ¡Señor! Yo no puedo resistir el frío.

DIRECTOR. Te he dicho que hemos de resistir, que no nos ha de vencer un truco cualquiera. Cumple con tus obligaciones.

(El Director se pone unos guantes y se sube el cuello del frac lleno de temblor. El Criado desaparece.)

PRESTIDIGITADOR. *(Abanicándose.)* ¿Pero es que el frío es una cosa mala?

DIRECTOR. *(Con voz débil.)* El frío es un elemento dramático como otro cualquiera.

CRIADO. *(Se asoma a la puerta temblando, con las manos sobre el pecho.)* ¡Señor!

DIRECTOR. ¿Qué?

CRIADO. *(Cayendo de rodillas.)* Ahí está el público.

DIRECTOR. *(Cayendo de bruces sobre la mesa.)* ¡Que pase!
(El Prestidigitador, sentado cerca de la cabeza de caballo, silba y se abanica con gran alegría. Todo el ángulo izquierdo de la decoración se parte y aparece un cielo de nubes largas, vivamente iluminado, y una lluvia lenta de guantes blancos, rígidos y esparcidos.)

VOZ. *(Fuera.)* Señor.

VOZ. *(Fuera.)* Qué.

VOZ. *(Fuera.)* El público.

VOZ. *(Fuera.)* Que pase.

(El Prestidigitador agita con viveza el abanico por el aire. En la escena empiezan a caer copos de nieve.)

(Telón lento.)

— Sábado, 22 de agosto de 1930 —

CONTINUE COM A GENTE!

Editora Martin Claret

editoramartinclaret

@EdMartinClaret

www.martinclaret.com.br